Rose Marie Dähncke

Das praktische
Pilz-Kochbuch

Rat und Rezept-Ideen
für die
besten Pilzgerichte

Gräfe und Unzer

Titelbild
Die einfachste Art, Pilze schmackhaft zuzubereiten:
Pfifferlinge, Seite 21, mit Zwiebeln, Petersilie und
Rührei.

2. Umschlagseite

Eine reiche Pilzausbeute
 1 Stockschwämmchen, Seite 21
 2 Steinpilz, Seite 14
 3 Weißer Rasling, Seite 17
 4 Geselliger Rasling, Seite 17
 5 Zigeuner, Reifpilz
 6 Rötlicher Lacktrichterling, Seite 16
 7 Amethystblauer Lacktrichterling, Seite 15
 8 Trompetenpfifferling, Seite 21
 9 Mönchskopf, Seite 16
10 Schafporling, Seite 22
11 Erdritterling, Seite 16
12 Habichtspilz, Seite 22

Rose Marie Dähncke
verlebte ihre Kinderjahre in Schlesien und lernte
das Pilzebestimmen und -kochen von ihrer Großmutter, einer Dame, die mit Seidenhandschuhen
und Mägden zum Pilzesammeln ging. Später be-
schäftigte sich die Pilzexpertin auch mit Pilzfotogra-
fie. Viele Jahre war sie Leiterin der »Schwarzwälder Pilzlehrschau« in Hornberg, wo Pilzberater der
Bundesrepublik Deutschland ausgebildet werden.
Neben anderen Büchern schrieb und fotografierte
sie das umfangreichste Pilzbestimmungsbuch »700
Pilze in Farbfotos«, das bei allen Feinschmeckern
beliebte »Pilzsammlers Kochbuch« und den »Pilz-
Kompaß«, den für jeden Sammler unentbehrlichen
Pilzführer im Einsteckformat.

CIP-Kurztitelaufnahme der Deutschen Bibliothek

Dähncke, Rose Marie:

Das praktische Pilz-Kochbuch: Rat u. Rezept-
Ideen für d. besten Pilzgerichte / Rose Marie
Dähncke. Zeichn.: Matthias von Schweinitz. –
2. Aufl. – München: Gräfe und Unzer, 1983.

1. Aufl. u. d. T.: Dähncke, Rose Marie:
Pilz-Schlemmereien

ISBN 3-7742-1637-1

2. Auflage 1983
© Gräfe und Unzer GmbH, München
Redaktionsleitung: Hans Scherz
Lektorat: Antje Schunka
Farbfotos: Rose Marie Dähncke; Christian
Teubner (Umschlagfoto Vorderseite)
Zeichnungen: Matthias von Schweinitz
Umschlaggestaltung: Heinz Kraxenberger
Satz und Druck: Druckerei Georg Appl
Reproduktionen: Brend'amour, Simhart & Co.
Bindung: Großbuchbinderei Oldenbourg
ISBN 3-7742-1637-1

Sie finden in diesem Buch

Ein Wort zuvor

Pilzesammeln wird immer beliebter, ja bei manchem ist es schon eine richtige Leidenschaft. Pilzbestimmungsbücher, Ausbildungsstätten, Vereine und Pilzberater klären Sie auf. Sie bekommen einen Blick für die unglaubliche Vielfalt guter Speisepilze, und allmählich verliert sich die Angst vor ungenießbaren oder giftigen Pilzen, denn Sie werden ständig sicherer. Spätestens jetzt brauchen Sie ein Pilzkochbuch mit vielen guten Rezept-Ideen. Dann genießen Sie Ihre Pilzmahlzeit und entdecken, *wie* gut Pilze schmecken!

Nicht erst heute – zu allen Zeiten wußten Feinschmecker Pilze zu schätzen. Die Griechen und Römer bevorzugten den Kaiserling. In deutschen Landen war der Steinpilz der begehrteste. Man nannte ihn Herrenpilz, denn er war den Tafeln der Reichen vorbehalten.

Heutzutage dürfen wir uns alle der Lust am Sammeln und Schlemmen hingeben, und wir wissen mehr über Pilze als die Römer. Es muß nicht immer Steinpilz sein! Versuchen Sie es einmal mit anderen Speisepilzen. Es gibt Hunderte von eßbaren Pilzarten in unseren Wäldern, und manche von ihnen schmecken noch besser. In einem guten Pilzjahr müssen wir nicht einmal lange danach suchen. Wenn Sie dann noch meinen handlichen »Pilz-Kompaß« bei sich haben, kehren Sie bestimmt erfolgreich von Ihrer Wanderung heim.

Sind Sie nun schon ein eifriger Pilzsammler, dann werden Sie nach immer neuen Möglichkeiten suchen, Ihre »Beute« so abwechslungsreich und schmackhaft wie möglich zuzubereiten. Deshalb habe ich Ihnen in diesem GU-Küchenratgeber meine neuesten und besten Pilzrezepte aufgeschrieben. Probieren Sie einmal Pilztorte oder Pilzfondue, Pilzpudding, Pilzpizza oder Pilze nach Matjesart!

Jeder Speisepilz hat *seine* Zubereitungsart – das vor allem will ich Ihnen in diesem neuartigen Pilzkochbuch zeigen. In der großen Tabelle von Seite 23 bis 29 »Die besten Speisepilze auf einen Blick« finden Sie Angaben für die Verwertung von 150 Speisepilzen. Nach den Rezepten kann jeder aus seinen Lieblingspilzen raffinierte Pilzschlemmereien machen. Natürlich verrate ich Ihnen auch alle Tips, die Sie für Ihre Pilzküche brauchen. 30 der besten Speisepilze finden Sie auf den Farbfotos des Buches; in der »Kleinen Pilzschule« (Seite 13 bis 22) sind diese mit ihren wichtigsten Merkmalen vorgestellt.

Einmal im Wald und erfolgreich, werden Sie kaum mit dem Sammeln aufhören, wenn es für eine Mahlzeit reicht. Wie die Eichhörnchen werden Sie an Vorrat denken und Ihren Korb füllen, zumal hausgemachte Vorräte, ob eingelegt, getrocknet oder eingefroren, wieder sehr beliebt sind. In meinem Pilz-Kochbuch erfahren Sie also auch alles über das richtige Haltbarmachen auf verschiedenste Weise.

Und noch eine Novität für Pilzliebhaber: Wer einen Garten hat, kann Pilze selber züchten. Probieren Sie es nach den Angaben und Fotos in diesem Buch. Sogar Winterpilze können Sie dann ernten!

Auch wenn Sie einmal Pilze auf dem Markt kaufen oder Dosenpilze verwenden wollen, werden Sie mit Hilfe dieses Kochbuches Schmackhaftes auf den Tisch bringen.

Pilze sind gesund, vitamin- und mineralstoffreich, so wertvoll wie gutes Gemüse. Doch nicht nur das. Auch das Sammeln, das Wandern durch den Wald, die Freude über einen guten Fund kommen Ihrer Gesundheit zugute – steigern Ihr Wohlbefinden. Versuchen Sie's, es lohnt sich! Und machen Sie aus jedem gefundenen Pilz das Beste: eine Gaumenfreude, wild gewachsen, mit dem Geschmack der Natur.

Rose Marie Dähncke

Pilze suchen mit Erfolg

Wie viele eßbare Pilze wir in unseren mittel-
europäischen Wäldern finden können, läßt
sich in Zahlen nicht ausdrücken, wenn Sie be-
denken, daß es allein 60–70 eßbare Täublinge
gibt, die man kaum auseinanderhalten kann.
Um als Pilzsammler Erfolg zu haben, genügt
es aber, wenn Sie sich am Anfang einige besonders gut erkennbare Arten einprägen. Mit
der Zeit werden immer neue hinzukommen.

Ich habe in diesem Buch, das ja in erster
Linie ein Pilz-Kochbuch sein soll, 30 bekannte
und besonders wohlschmeckende Speisepilze
näher vorgestellt. Auf den Fotos finden Sie
diese mehr zum Wiedererkennen als zum Bestimmen. Wer Pilze kennenlernen will,
braucht ein gutes und seinen Ansprüchen ge-
nügendes Pilzbuch, das er in den Wald mitnehmen kann. Dafür eignet sich besonders
gut der »Pilz-Kompaß«, der garantiert in jede
Hemd- und Hosentasche paßt. Er enthält 75
häufig vorkommende Pilzarten und ihre giftigen oder ungenießbaren Doppelgänger. Wem
das nicht genügt, der entscheidet sich vielleicht für das aktuellste und umfangreiche Be-
stimmungsbuch »700 Pilze in Farbfotos«.

Oft hört man Waldbesitzer und Jäger kla-
gen, daß die Schar der Pilzsucher immer grö-
ßer wird. Und die Sammler selbst meinen, daß
es Pfifferlinge und Steinpilze immer seltener
zu finden gibt. Doch über den Rückgang der
Pilze berichtet auch schon ein Buch aus dem
Jahre 1925, so daß kaum unsere Zeit allein
daran schuld sein kann. Pilzwissenschaftler
sagen, daß die Pilze durch das Sammeln nicht
geschädigt oder gar ausgerottet werden. Und
jedes gute Pilzjahr mit Massenernten bestätigt
das. Sammelverbote, die den Pilzschutz als
Vorwand nehmen, sind also sinnlos. Aber
zum Schutz der Pilze müssen die Wälder er-
halten bleiben, denn sie sind deren Lebens-
raum

Wenn Sie zuweilen hören, Pilze seien durch
Cadmiumgehalt ungesund, so kann ich Sie be-
ruhigen. Originalberichte aus Untersuchungs-
ämtern sagen, daß Pilze nicht mehr Blei,
Quecksilber und Cadmium enthalten als Gemüse und andere Lebensmittel auch. Die gil-
benden Champignons, wovon der Anis- oder
Schafchampignon der bekannteste ist, sollen
höhere Mengen an Cadmium enthalten (übrigens schon immer, was an hundertjährigem
Trockenmaterial festgestellt wurde). Die
Werte liegen aber längst nicht so hoch wie bei
Nierchen, Kalbsleber, Petersilie und ande-
rem. Man hört Empfehlungen, daß pro Wo-
che nicht mehr als 250 g von diesen Champignons gegessen werden sollen – das ganze
Jahr hindurch, versteht sich. Aber wer findet
schon so viele, und wer mag sie ständig essen?
Genießen Sie also von nun ab wieder unbekümmert so viele Pilze, wie Ihnen bekömm-
lich sind.

Pilze sind gesund, ja sogar besonders wertvoll, da sie seltene Vitamine und Spurenele-
mente aufweisen, die anderen Nahrungsmit-
teln fehlen. Durch ihre Ballaststoffe wirken
sie verdauungsfördernd, besonders, wenn
man einige Tage hintereinander Pilzgerichte
zu sich nimmt.

Wann finden wir Pilze?

Die Pilze kommen nicht alle zur gleichen Zeit.
In der »Kleinen Pilzschule« (Seite 13 ff.) und
in der großen Tabelle »Die besten Speisepilze
auf einen Blick« (Seite 23 ff.) finden Sie Angaben über ihr Erscheinen. Es gibt eine Pilz-
hauptsaison, die sich je nach Witterung um
ein paar Tage verschieben kann. Sie beginnt
Anfang bis Mitte September und endet Anfang bis Mitte Oktober. Das ist die Zeit, in der

viele Arten gleichzeitig wachsen. Vorher können Sie jedoch bereits die Frühjahrs- und Sommerpilze suchen (typische Frühjahrspilze sind Morcheln, Morchelbecherling, Zweisporiger Champignon). Nach der Hauptsaison kommen die Spätherbstpilze (besonders Grünling, Schwarzfaseriger Ritterling, Graublättriger Schwefelkopf, Violetter Ritterling, Lilastieliger Ritterling). Selbst im Winter wachsen von den späten Arten an frostfreien Tagen neue Schübe nach. Und nach den ersten Frösten kommen die Pilze, die zur Fruchtkörperbildung den Kälteschock benötigen. Solche echten Winterpilze sind zum Beispiel Austernseitling und Samtfußrübling. Mit einiger Übung kann der Pilzsammler also das ganze Jahr über frische Pilze finden und mit den vielfältigen Anregungen dieses Pilzkochbuches Köstliches genießen.

Feuchtigkeit und Wärme fördern das Wachstum der Pilze, so daß Sie nach einem ausgiebigen Regen und entsprechend warmen Tagen mit den besten Sammelergebnissen rechnen können.

Wo finden wir Pilze?

Manche Pilze wachsen auf Wiesen und Viehweiden, in Dünensand oder auf Schotterwegen, manche auf Baumstümpfen von Laub- oder Nadelholz. Die meisten der begehrten Großpilze sind jedoch an bestimmte Baumarten gebunden und daher in Wäldern zu finden. Einen Birkenbegleiter (zum Beispiel den Birkenröhrling) werden Sie nie in einem Buchen- oder Tannenwald finden, er kann eben nur mit Birken zusammen gedeihen. Damit Sie immer im richtigen Wald suchen, gebe ich Ihnen bei den Pilzbeschreibungen den Standort an. Auch in anderen Pilzbestimmungsbü-

chern müssen Sie immer auf die Angabe des Standortes achten.

Oft kommt es sogar auf die Bodenbeschaffenheit an. Viele Pilze, beispielsweise der Ziegelgelbe Schleimkopf, die Speisemorchel und der Netzstielige Hexenröhrling, lieben Kalkboden, manche, etwa der Rotbraune Milchling, mögen sauren Boden, wieder andere Lehm. Vielleicht erklärt Ihnen das, warum Sie nach einem bestimmten Pilz immer wieder suchen und immer vergeblich. Er kann nur dort wachsen, wo seine Ansprüche erfüllt werden. Kennen Sie hingegen Ihre Böden – die Pflanzen können Ihnen da helfen, denn auf saurem Boden findet sich zum Beispiel die Heidelbeere, auf Kalk wachsen Seidelbast, Wiesensalbei, Mittlerer Wegerich und Wegwarte – und suchen Sie gezielt zur rechten Jahreszeit im richtigen Wald, so werden Sie mit Gewißheit die gewünschten Pilze finden.

Richtiger Umgang mit Pilzen

● Der einzig wirksame Schutz vor Giftpilzen ist, sie genau zu kennen. Prägen Sie sich in Büchern und in der Natur die gefährlichsten Arten gründlich ein:
Grüner Knollenblätterpilz – tödlich giftig (auch die weiße Form)
Kegelhütiger Knollenblätterpilz – tödlich giftig
Orangefuchsiger Hautkopf – tödlich giftig
Riesenrötling – sehr giftig
Ziegelroter Rißpilz – sehr giftig
Tigerritterling – sehr giftig
Pantherpilz – sehr giftig
Fliegenpilz – giftig
Kahler Krempling – giftig
Frühjahrslorchel – giftig

Es gibt noch einige Kleinpilze, die giftig sind. Von ihnen droht aber kaum Gefahr, da sie nicht zum Essen einladend aussehen und wegen ihrer Schmächtigkeit vom Speisepilzsammler gar nicht beachtet werden: Zwergschirmlinge, Rißpilze, Weiße Trichterlinge.

● Machen Sie keine Experimente mit Giftpilzen. Gift riecht man nicht und schmeckt man nicht. Es gibt kein Patentmittel, um Gift in Pilzen zu erkennen!

● Sammeln Sie keine zu jungen, noch geschlossenen Pilze, die man noch nicht erkennen kann. Sie könnten mit Giftpilzen verwechselt werden!

● Nehmen Sie keine alten Exemplare mit angetrocknetem Rand oder Faulstellen. Durch Eiweißzersetzung, die bei Pilzen recht früh beginnt, entwickelt sich auch in Speisepilzen Gift!

● Stellen Sie gesammelte Pilze nicht in die Sonne und transportieren Sie sie nur luftig in offenen Behältern (Korb, Pappkarton). In Plastikbeuteln und anderen luftundurchlässigen Gefäßen (Eimer, Taschen aus Kunststoff, Plastiktüten) schwitzen die Pilze und das Pilzeiweiß zersetzt sich ebenfalls sehr schnell.

● Verarbeiten Sie nur solche Pilze, die Sie mit Gewißheit als eßbar erkannt haben, oder die von einem geprüften Pilzberater zum Verzehr freigegeben wurden! Pilzberatungsstellen gibt es in allen größeren und vielen kleinen Orten (eine Adressenliste habe ich in Zusammenarbeit mit der Zentralstelle für Pilzforschung und Pilzverwertung München in »Pilzsammlers Kochbuch« aufgenommen).

● Verarbeiten Sie die gesammelten Pilze möglichst am gleichen Tag! Sollen sie über Nacht aufbewahrt werden, müssen sie aus dem Korb genommen, nebeneinander (am besten auf Packpapier) gelegt, luftig und kühl gelagert werden. Kleine Mengen kommen in den Kühlschrank.

● Essen Sie Pilze – mit Ausnahme von Steinpilz und Wiesenchampignon – niemals roh. Fast alle guten Speisepilze sind roh giftig, sogar Birkenpilz und Rotkappe, die doch so »steinpilzähnlich« aussehen. Nach dem Erhitzen besteht jedoch keine Gefahr, weil das Gift meist schon unter 100 Grad zerstört wird. Ein Abkochen der Pilze ist keinesfalls nötig und würde einen ungeheuren Aromaverlust bedeuten.

● Nach drei Pilzarten darf einige Stunden lang kein Alkohol genossen werden. Es könnte zu Unverträglichkeit kommen. Es sind dies: Netzstieliger Hexenröhrling, Faltentintling und Glimmertintling.

● Bewahren Sie Pilzgerichte oder Reste davon in Glas-, Porzellan- oder Plastikgefäßen im Kühlschrank auf und verbrauchen Sie sie innerhalb von zwei Tagen!

Pilze vom Markt und aus der Dose

Wenn Sie nicht zu den Glücklichen gehören, die sich ihre Pilze selbst sammeln oder züchten können, bleibt Ihnen nur der Einkauf. Hierzu einige Tips:

Kaufen Sie Frischpilze möglichst an der frischesten Quelle und mit eigenen Qualitätskenntnissen. Versuchen Sie es an den Gemüseständen auf dem Wochenmarkt, wo Zuchtpilze und mancherorts auch noch viele Waldpilzarten angeboten werden. Die Pilze müssen ausgebreitet im Schatten liegen; es darf nicht aus Plastikgefäßen oder gar -beuteln verkauft werden. Achten Sie darauf, daß die Pilze trocken – also nicht durchnäßt –, aber frisch-

l. o. Steinpilz, Seite 14; r. o. Rotkappe, Seite 15; ▷
l. m. Schopftintling, Seite 17; r. m. Kuhmaul, Seite
15; l. u. Speisemorchel, Seite 22; r. u. Fleischfarbe-
ner Speisetäubling, Seite 21

fleischig sind. Die Hüte dürfen weder Schim-
melflecken noch Faulstellen und auch keine
vertrockneten Ränder zeigen. Bei Röhrenpil-
zen sollen die Hüte nicht weich-schwammig
sein, sondern elastisch-fest. Besteht Verdacht,
daß die Pilze madig sind, lassen Sie sich jeden
der Länge nach durchschneiden. Seriöse Pilz-
händler verkaufen ihre Ware auf diese Weise.
Ein unten abgeschnittenes Stielende ohne
Madenlöcher ist noch kein Beweis für Maden-
freiheit, da die Madengänge erst höher im
Stiel und dann auch im ganzen Hut liegen
können.

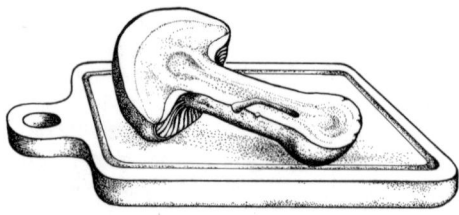

Der Pilz wird der Länge nach durchgeschnitten, um
festzustellen, ob er madig ist.

Im Delikatessengeschäft und in der Frischabteilung des Supermarktes bekommen Sie
fast das ganze Jahr Zuchtchampignons und
zur Saison auch aus Polen importierte Pfifferlinge. Je länger die angebotene Ware »frisch
gehalten« wird, um so mehr nehmen das
Pilzaroma und die Qualität ab. Von den
Champignons schmecken die mit den rosa bis
braunen Lamellen aromatischer als die ganz
jungen, noch geschlossenen weißen, aber nur
dann, wenn die Reife natürlich gewachsen ist
und nicht in einer Not- und Nachreife in der
Frischabteilung besteht.
    Dosenpilze sind wirklich nur ein Ersatz,
doch das werden Sie selbst sehr rasch feststel-
len, wenn Sie durch Pilzschlemmereien aus

Frischpilzen erst einmal auf den Geschmack
gekommen sind. Notfalls eignen sich Dosenpilze noch als Ergänzung für gemischte Gerichte wie Suppen, Eintöpfe und Aufläufe.
    Getrocknete Pilze werden wegen ihrer gu-
ten Lagerfähigkeit und der hohen Verdienst-
möglichkeit – sie sind für die geringe Menge
einer leider kaum zu überprüfenden Qualität
viel zu teuer – fast überall angeboten. Wer
gerne mit Trockenpilzen würzt, sollte das seine Pilze sammelnden Freunde wissen lassen.
Für sie ist es eine Kleinigkeit, ein hübsches
Gläschen oder Beutelchen voll Trockenpilze
zu verschenken.

◁ l. u. r. o. Pilzbrut aufgelegt und zugebunden;
l. m. Samtfußrübling, S. 17;
r. m. Shiitake, S. 13; l. u. Austernseitling, S. 13; r. u. Rotbrauner Riesenträuschling, S. 18

Pilze züchten

Wenn Sie ein schattiges Plätzchen im Garten und etwas Geduld haben, können Sie selber mit Erfolg Pilze züchten. Eine ganz einfache Methode ist der Anbau auf Holz. Pflege ist in Jahren mit normaler Witterung nicht nötig.

Eine andere Zuchtmethode ist der Anbau auf Stroh, auch hierbei können Sie eine gute Ernte erwarten.

Welche Pilze eignen sich?

Es gibt einige wohlschmeckende Pilze, die von Natur aus auf abgestorbenem Laub- oder Nadelholz wachsen. Da sie keine weiteren Ansprüche an Bodenbeschaffenheit oder Begleitbäume stellen, lassen sie sich recht einfach züchten. Erfolgversprechend ist die Zucht von:
Stockschwämmchen – wächst im Sommer/Herbst
Austernseitling – es gibt eine Sommer- und eine Winterart
Shiitake – wächst im Herbst/Winter
Samtfußrübling – wächst im Spätherbst/Winter.
Ein ertragreicher Anbau auf Stroh ist möglich mit dem:
Rotbraunen Riesenträuschling – wächst im Frühsommer/Herbst.

Das brauchen Sie als Pilzzüchter

Für die oben genannten Holzbewohner brauchen Sie Stammabschnitte von Laubholz (Eiche, Kastanie, Buche, Birke, Ahorn; Esche ist nicht vorteilhaft), am besten in einer Länge von 40–50 cm. Das Holz darf ein paar Monate alt, aber nicht etwa schon mit anderen Pilzen besetzt sein. Es muß feucht sein, was Sie am Gewicht erkennen können. Notfalls kann man es ein paar Tage wässern.

Für den Anbau auf Stroh brauchen Sie für ein Beet von 20 cm Höhe und 2 qm Größe etwa 1 Ballen Preßstroh.

Dann brauchen Sie natürlich auch die Pilzpflanze (das Myzel) selbst, die in das Holz hineinwachsen soll. Im einschlägigen Labor wird sie vorkultiviert und als »Pilzbrut« verkauft. Die Pilzbrut ist gesund und aktiv, wenn sie weiß-wattig aussieht und nach dem Öffnen des Glases fein nach Pilz oder leicht nach Anis duftet.

Im Pilzlabor in 7746 Hornberg/Schwarzwald wird Pilzbrut für alle problemlos züchtbaren Arten hergestellt. Sie kann dort für DM 14,90 plus Porto bezogen werden. Diese Pilzbrut wird im städtischen Pilzgarten seit Jahren einer ständigen Qualitätskontrolle unterworfen. Auf Hunderte von Hölzern verimpft, zeigt sie Aktivität und Gesundheit der Pilzpflanze mit sichtbaren Erfolgen. Auf den Farbbildern (Seite 10) sehen Sie selbst die guten Zuchtergebnisse, denn alle Fotos wurden von mir im Hornberger Pilzgarten gemacht. Ein weiterer Lieferant für Pilzbrut ist die Firma E. Hullen, 3360 Osterode/Harz.

So züchten Sie Pilze

Beginnen können Sie zu jeder Jahreszeit, außer bei Frost, weil dann der Boden zu hart ist, um die Hölzer einzugraben. Die Pilzpflanze selbst ist nicht frostempfindlich.

An einem schattigen Platz im Garten, unter Buschwerk oder Bäumen, wird ein Laubholzstammabschnitt von 40–50 cm Länge senkrecht zur Hälfte in die Erde eingegraben. Auf die Schnittfläche verteilen Sie dünn, aber gleichmäßig die Pilzbrut und stellen ein zweites Holz darauf. Zum Schutz vor Schnecken und vor dem Austrocknen kommt nun ein Plastikstreifen um die »Impfstelle«, der einfach geknotet oder mit einem kleinen Nagel befestigt wird (siehe Bild Seite 10). So bleiben die Hölzer 4–5 Monate, oder, wenn es gerade Winter ist, auch bis zur Schneeschmelze im Frühjahr aufeinander. Dann ist die Pilzpflanze in beide Hölzer mit der Faser eingewachsen, und das obere Holz kann ebenfalls in die Erde eingegraben werden (siehe Bild Seite 10). Aus dem umgebenden Boden nehmen sich die Pilzhölzer so viel Feuchtigkeit, wie die Pilzpflanze zur Erhaltung und Fruchtkörperbildung braucht. Nur in extrem trockenen Jahren sollten Sie ab und zu einen Eimer Wasser an die Hölzer gießen.

Schon im ersten Jahr nach dem Impfen können Ihre Pilze wachsen, natürlich nur zu der Zeit (siehe Seite 11), zu welcher sie auch wildwachsend im Wald erscheinen. Einige Jahre kommen die Pilze immer wieder, so lange, bis das Holz gänzlich zerfallen ist.

Um den Rotbraunen Riesenträuschling anzubauen, muß ein Strohbeet von 20 cm Höhe angelegt werden. Das Stroh muß so gut gewässert werden, daß ein paar Tropfen Wasser herauslaufen, wenn man eine Handvoll Stroh preßt. Die Pilzbrut wird zerzupft und in Abständen von etwa 20 cm etwas in das Stroh eingedrückt. Wenn Sie eine große Plastikplane haben, können Sie das Beet zur besseren Wärmeentwicklung damit abdecken. Nach etwa 4 Wochen wird die Plane abgenommen und eine 5 cm dicke Erdschicht aufgebracht. Wer keine Plane besitzt, kann diese Erdschicht auch gleich nach dem Impfen aufbringen.

Ich habe in den Versuchskulturen kaum einen Unterschied zwischen beiden Methoden festgestellt. Entgegen anderer Literatur – wonach das Beet im Mai angelegt werden soll – habe ich die besten Erfahrungen mit der Anlage im Spätsommer gemacht. Dann hat man frisches Stroh zur Verfügung, und die Herbstwärme sorgt für gutes Myzelwachstum. Mit der Erde bedeckt bleibt dann das Beet den Winter über liegen, und Sie werden ab Anfang Mai die schönsten Pilze haben. Wird das Beet erst im Mai angelegt, kommen die ersten Pilze etwa 10 Wochen später, und der Erntesommer ist entschieden kürzer.

So ein Strohbeet trägt nur ein Jahr lang üppig, im zweiten Jahr erscheinen noch ein paar Nachzügler. Es muß also jedes Jahr ein neues Beet angelegt werden, wenn eine gleichmäßige Ernte gewünscht wird. Die große Menge der Pilze, die man erntet, lohnt jedoch den geringen Einsatz für die Pilzbrut.

Kleine Pilzschule

Auf den Farbfotos dieses Buches finden Sie 30 bekannte Speisepilze, als Pilzporträts oder zusammen mit einem fertigen Pilzgericht. Im folgenden stelle ich Ihnen diese Pilze vor: wann und wo sie zu finden sind, welche besonderen Merkmale sie haben. Darüber hinaus gebe ich Ihnen Tips für Ihre Pilzküche und entsprechende Hinweise auf Rezepte, damit Sie aus jedem gefundenen Pilz das Beste machen können.

Angaben über weitere 126 Speisepilze finden Sie in der Tabelle »Die besten Speisepilze auf einen Blick« (Seite 23–29).

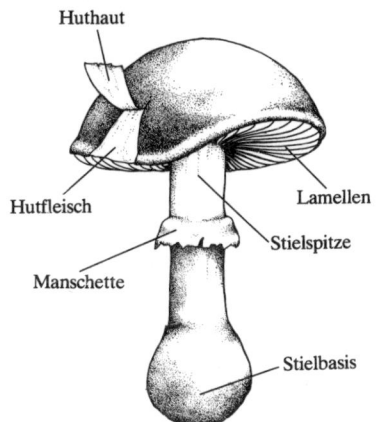

Die typischen Merkmale eines Pilzes (Blätterpilz, Lamellenpilz).

Shiitake

Bild Seite 10

Lentinus edodes

Diesen Pilz werden Sie in unseren Wäldern noch vergeblich suchen. Er wird vorerst nur von Hobbygärtnern an Stammabschnitten von Laubholz gezüchtet (siehe Seite 11), kann sich aber möglicherweise eines Tages auch bei uns ausbreiten, wenn seine Wachstumsbe-

dürfnisse erfüllt werden. Er ist kein Parasit, der gesunde Bäume befällt, sondern wächst nur an totem Holz. Mit kurzem flaumigem Stiel kommt er seitlich aus dem Holz. Die Fruchtkörper sind fleischig und fest. Der Pilz eignet sich frisch zu fast allen Gerichten, getrocknet gibt er ein hervorragendes Aroma ab, ähnlich wie Maggi/Knoblauch. Das Foto auf Seite 10 zeigt, daß er auch während des Winters frische Fruchtkörper bringt.

Austernseitling

Bild Seite 10

Winterausternseitling
Pleurotus ostreatus

Wächst ab Oktober bis etwa Februar/März an Stümpfen sowie an am Boden liegenden Stämmen und dicken Ästen von Laubholz. Die Pilze kommen gedrängt übereinander aus dem Holz heraus. Sie sind nur kurz gestielt. Die Lamellen laufen weit herab. Junge Pilze sind zart und weichfleischig (clevere Händler nennen den Austernseitling auch Kalbfleischpilz) und für fast alle Gerichte zu verwenden; alt werden sie zäh und riechen dann nach Fisch. Der Winterausternseitling kann an dem entsprechenden Holz gezüchtet werden (siehe Seite 11), ebenso der Sommerausternseitling (*Pleurotus florida*), der, wie sein Name schon sagt, im Sommer wächst. Der Hauptschub kommt jedoch auch bei dieser Art während der kühlen Jahreszeit.

Sandröhrling

Bild U 3

Suillus variegatus

Von August bis Oktober erscheint dieser Pilz in Kiefernwäldern. Er kann ein Massenpilz sein, und Sie müssen ihn dann gezielt verarbeiten, beziehungsweise haltbar machen können. Ganz junge Pilze eignen sich für Pilzmischgerichte und zum Einlegen, sauer oder mit Ingwer (Rezepte Seite 66), sowie für Salat, mittlere zum Trocknen. Alte weichfleischige Exemplare läßt man gleich stehen, sie sind nicht mehr zu gebrauchen.

Butterröhrling
Bild U 3

Butterpilz, Schmerling, Schleimchen, Schälpilz, Schmalzling, Rotzling
Suillus luteus

An der schmierigen, abziehbaren Huthaut können Sie ihn schon von oben erkennen. Er wächst bei Kiefern und erscheint besonders im Spätherbst mit großen und madenfreien Fruchtkörpern. Röhren und Fleisch werden nicht auf Druck blau wie bei einigen anderen Röhrlingen. Als einziger Röhrling besitzt er eine massive weiße Teilhülle, die bei jungen Exemplaren die Röhren bedeckt und später als Ring im oberen Stieldrittel hängenbleibt. Die Huthaut wird abgezogen, der Pilz am besten trocken sauber geputzt, da er beim Waschen viel Wasser aufsaugt. Durch sein besonders zartes Fleisch ist er gut als Bratpilz geeignet, aber auch zu fast allen anderen Gerichten zu verwenden.

Kuhröhrling
Bild U 3

Kuhpilz
Suillus bovinus

Ein häufiger Pilz im September/Oktober in Kiefernwäldern, besonders auf sandigen Böden. Sein Fleisch ist elastisch-biegsam. Die Röhren sind – im Gegensatz zu anderen Röhrlingen – nicht leicht vom Hutfleisch ab-

zulösen; sie laufen noch etwas am Stiel herab. Junge Kuhpilze sind durchaus nicht zu verachten und zu fast allen Gerichten zu verwenden. Sie färben sich nach dem Erhitzen weinrot und bieten daher einen netten Farbtupfer zum Beispiel in einem bunten Essigpilztopf oder einer Pilzsülze (Rezepte Seite 63 und 66). Manchmal findet man beim Kuhröhrling den Rosenroten Gelbfuß (*Gomphidius roseus*), ebenfalls eßbar, der in Symbiose mit ihm lebt.

Maronenröhrling
Bild U 3

Marone, Braunhäuptchen, Marienpilz, Tannenpilz
Xerocomus badius

Von Juni bis November läßt sich dieser begehrte Pilz in Nadelwäldern, seltener in Laubwäldern, finden. Er zählt zu den Massenpilzen, da er immer in größeren Gruppen auftritt. Dunkelbraun-matt bei trockenem Wetter, etwas schmierig bei feuchtem, so erkennen wir ihn schon von oben. Die gelb-olivlichen Röhren laufen nach Druck blaugrün an. Der Maronenröhrling besitzt ein vortreffliches Aroma und ist für fast alle Gerichte geeignet. Besonders gut auch zum Trocknen.

Steinpilz
Bild Seite 9

Herren- oder Edelpilz, Steinkopf, Braunkopp, Dobernigel
Boletus edulis

Der beliebteste unter den Pilzen ist wohl neben dem Pfifferling der Steinpilz. Er wächst von Sommer bis Herbst in Laub- und Nadelwald. Es gibt ihn in guten Pilzjahren immer noch in Mengen, und das manchmal einige Jahre nacheinander. Unter den Röhrlingen gibt es keinen gefährlichen Giftpilz. Selbst der so gefürchtete Satansröhrling ist gut geschmort verträglich. Die beiden häufigsten ungenießbaren Röhrlinge, der Gallenröhrling und der Schönfußröhrling, lassen sich nach einer Geschmacksprobe erkennen. Sie sind bitter und daher ungenießbar, ohne jedoch giftig zu sein.

Steinpilze und andere Röhrlinge werden beim Schmoren recht schleimig und sind daher für manche Gerichte nicht ideal. Besonders gut ist der Steinpilz zum Trocknen geeignet, da er ohne Waschen sauber geputzt werden kann. Der Steinpilz ist roh eßbar.

Birkenpilz
Bild Seite 19

Birkenröhrling, Kapuzinerröhrling, Aspenpilz, Geißpilz, Grauhendl
Leccinum scabrum

Der Stiel erinnert mit seinen schwärzlichen Flocken auf weißem Grund an den Stamm der Birke, bei der er von Sommer bis Herbst wächst. Der Fachmann unterscheidet auch bei den Rauhstielen, zu denen er gehört, viele Arten, aber alle sind gleich gut und eßbar. Der Birkenröhrling wird recht schnell weichfleischig und schwammig. Es sollten nur ganz junge Exemplare verarbeitet werden. Diese sind dann aber zu fast allen Gerichten zu verwenden und eignen sich auch besonders zum Trocknen.

Rotkappe
Bild Seite 9

Birkenrotkappe, Rothäuptchen, Rotdocke
Leccinum testaceo-scabrum

Der Pilzexperte unterscheidet je nach Standort, Stielbeschaffenheit und so weiter mehrere Rotkappenarten. Für den Speisepilzsammler

sei gesagt, daß der Genußwert bei allen Arten gleich ist. Sie zählen zu den begehrtesten Pilzen. Leuchtend rot-orange stehen sie von Sommer bis Herbst unter Birken, Espen, in Fichten- und Eichenwäldern, je nach Abart. Beim Durchschneiden verfärbt sich das Fleisch langsam rosa bis lila, beim Kochen wird es fast schwarz. Rotkappen sind festfleischig und zu fast allen Gerichten zu verwenden. Besonders gut auch zum Trocknen.

Kuhmaul
Bild Seite 9

Gelbfuß, Schmierling, Rotzer, Schafsnase
Gomphidius glutinosus

Von oben kann dieser Pilz dem bekannten Butterpilz (Butterröhrling, siehe Seite 14) täuschend ähnlich sehen. Wenn man jedoch bei näherem Betrachten auf der Unterseite des Hutes Lamellen entdeckt, hat man das Kuhmaul. Das Kuhmaul erscheint von Sommer bis Herbst besonders in Nadelwald. Die schleimige Huthaut wird gleich abgezogen, der Stiel etwas gereinigt, dann ist der Pilz schon küchenfertig. Durch sein zartes aromatisches Fleisch ist er für feine Gerichte gut geeignet. Auch scharfes Braten, was die meisten Pilze hart und zäh macht, schadet ihm nicht. Die Scheibchen werden knusprig, sie bleiben aber zart.

Amethystblauer Lacktrichterling

Laccaria amethystina   Bild Seite 20

Er sieht dem Rötlichen Lacktrichterling sehr ähnlich, leuchtet bei feuchtem Wetter in frischem Lila und wird fast weißlich, wenn er austrocknet. Dabei behalten die Lamellen jedoch immer einen lila Farbton. Er wird nicht so sehr wegen seines Aromas gesammelt –

vom Sommer bis Herbst im Laub- und Nadelwald –, sondern wegen der hübschen lila Farbe nach der Verarbeitung zum Beispiel in einem bunten Essigpilztopf oder in einer Sülze.

Rötlicher Lacktrichterling Bild U 2

Laccaria laccata

Dieser Pilz hält uns immer wieder zum Narren, weil er in seiner Erscheinungsform so variabel ist. Mal groß, mal klein, heller oder dunkler, zum Teil auch gänzlich verwachsen zu einem unförmigen Gebilde und von Sommer bis Herbst an jedem Standort zu finden, im Laub- und Nadelwald sowie auf Waldwiesen im moosigen Gras. Er ist dünnstielig und unscheinbar, und doch wird er gerne gesammelt. Nach dem Erhitzen behält er seine rotbraune Farbe und macht manches Mischgericht interessant. Sein Aroma ist recht nichtssagend.

Grünling Bild Seite 20

Echter Ritterling, Grünreizker
Tricholoma flavovirens

Wo er erscheint, ist er ein Massenpilz. Vor Ende September braucht man nicht nach ihm zu suchen. Er ist einer von den späten Pilzen. Es gibt zwei Arten Grünlinge, die eine wächst nur im Kiefernwald, die andere in Nadel-, seltener in Laubwald. Beide schmecken gleich gut. Bestes Erkennungsmittel: gelbe bis olivgelbe Lamellen und starker frischer Mehlgeruch und -geschmack. Dieser Pilz ist bißfest und kocht nicht schleimig, wodurch er für viele Gerichte besonders geeignet ist. Hervorragend auch zum Einlegen in Essig oder mit Ingwer. Junge Pilzchen dann ganz lassen.

Erdritterling Bild U 2

Tricholoma terreum

Ab August/September ist er entlang der Waldwege und -straßen in Nadelwäldern häufig zu finden. Er kommt immer in Gruppen vor und bedeutet daher stets eine gute Ernte. Es gibt einige verschiedene Erdritterlinge, die alle den gleichen Speisewert besitzen und für fast alle Pilzgerichte verwendet werden können. Vorsicht ist geboten vor dem ähnlich aussehenden giftigen Tigerritterling.

Mönchskopf Bild U 2

Clitocybe geotropa

In lichten Wäldern, an Waldrändern und auf Waldwiesen ist dieser stattliche Pilz im September weithin sichtbar. In jungem Zustand ist der Hut kegelig-glockig, später weist er immer einen ausgeprägten Buckel in der Hutmitte auf, woran er gut kenntlich ist. Junge Exemplare sind für Mischgerichte geeignet, mittlere gut zum sauer oder mit Ingwer Einlegen. In schmale Streifen geschnitten besonders geeignet für ein Schmorgericht mit saurer Sahne, das dann sauren Kutteln oder ähnlichem sehr nahekommt.

Hallimasch Bild U 4

Heckenschwamm, Hohlmütze, Honigpilz, Michaelischwamm, Schulmeister, Stubbling
Armillariella mellea

In dichten Büscheln wächst er im Herbst besonders an Stümpfen von Nadelholz, Abarten von ihm aber auch an Laubholz. Dieser Pilz ist ein gefürchteter Schädling, da er auch lebende Bäume anfällt und zum Absterben bringt. Er ist ein beliebter Speisepilz. Sein Aroma ist gut, und junge Hüte können für fast jedes Gericht verwendet werden. Die Stiele sind zähfaserig und hart. Es werden nur die oberen 2–3 cm verwendet. Besonders gut ist der Hallimasch für die Pilztorte (Rezept Seite 58) geeignet, weil er so trocken-fleischig ist. In Mischgerichten sollte er gut durchgeschmort werden (15–20 Minuten) und vor einer eventuellen Weiterverarbeitung zu Salat oder Essigpilzen ebensolange vorgekocht werden, damit das in ihm enthaltene Gift zerstört wird. Roh darf er nicht gegessen werden.

Samtfußrübling Bild Seite 10
Winterrübling
Flammulina velutipes

Er ist einer von den Pilzen, die Frost brauchen, um wachsen zu können. Ab November bis in den März hinein ist er in jeder Auniederung an krankem oder abgestorbenem Weidenholz zu finden. Sein braun-samtig überzogener Stiel läßt ihn sofort erkennen. Zu seiner Zeit wächst auch kaum ein ähnlicher Pilz. Er läßt sich gut züchten, wenn man ihm Laubholz oder gar Weide als Grundlage gibt. Im Kochtopf bringt er nicht sehr viel, ist aber für Mischgerichte sehr gut geeignet.

Geselliger Rasling Bild U 2
Büschelrasling
Lyophyllum fumosum

Der Spätherbst ist die Zeit für diesen Pilz, der in Wäldern und Parkanlagen, auf Waldwiesen und Weiden zu finden ist. In Büscheln mit 20–30 Exemplaren und mehr bringt er immer volle Körbe. Er ist gut geeignet für Mischgerichte, Pilztorte und für das Einlegen in Essig oder mit Ingwer.

Weißer Rasling Bild U 2
Lyophyllum connatum

Wie sein Name schon sagt, wächst er rasig, das bedeutet dicht beieinander in Gruppen. Er besitzt eine Vorliebe für Straßenränder und geschotterte Waldwege und ist zu seiner Zeit, im September/Oktober, in Mengen dort zu finden. Nach der ersten Ernte wächst er besonders kompakt und reichlich nach. Von ähnlichen Pilzen unterscheidet er sich durch seinen stark ausgeprägten Geruch, der als »Lerchensporn-Geruch« angegeben wird. Da kaum jemand Lerchensporn (ein Mohngewächs) kennt und noch weniger daran gerochen hat, präge man sich den Pilzgeruch gut ein, dann kann er kaum wieder vergessen werden. Ich bezeichne diesen Duft als parfümiert. Der Weiße Rasling gehört zwar nicht zu den Edelpilzen, eignet sich aber besonders gut zum Einlegen in Essig oder mit Ingwer, weil nach dem Abkochen der aufdringliche Duft stark gemindert wird.

Schopftintling Bild Seite 9
Spargelpilz, Porzellanpilz
Coprinus comatus

Von weitem schon sieht man ihn auf Wiesen stehen, auf Brachland und an Wegrändern. Überall da, wo organische Abfälle verwesen oder gut gedüngt wurde. Er kommt plötzlich und bleibt wieder weg, wenn die Nährstoffe im Boden weniger werden. Herbst bis Spätherbst ist seine bevorzugte Erscheinungszeit, aber auch im Frühjahr und Sommer kann man

Etwas Besonderes für Schlemmer ist die Pilzfondue, ▷
Rezept Seite 51, mit Birkenpilzen, Seite 15,
und Blutreizkern, Seite 18

einen Schub davon antreffen. Da die Pilze schnell heranreifen und bald zu schwarzem Saft zerfließen, sammelt man sie nur für den baldigen Verbrauch und nicht etwa, wenn man noch stundenlang unterwegs sein will. Es werden nur Pilze mit noch rein weißen Lamellen mitgenommen. So zart die Hüte auch aussehen, sie sind doch langfaserig und falsch zubereitet zäh. Sie müssen recht fein gegen die Faser, also in feine Scheibchen, aufgeschnitten werden. Dann sind sie aber für fast jedes Gericht zu gebrauchen und sogar zum Trocknen geeignet. Das Heranreifen und Zerfließen wird durch schnelles Trocknen gestoppt. In manchen Pilzbüchern wird irrtümlicherweise angegeben, daß zu diesem Pilz kein Alkohol genossen werden darf. Das trifft im Normalfall nicht zu. Es gibt aber Menschen, denen Alkohol zu allen Pilzen nicht bekommt.

Parasolpilz   Bild U 4
Großer Schirmpilz
Macrolepiota procera

Auf Wiesen in Waldnähe und in lichten Wäldern ist der Parasolpilz im Sommer und Herbst anzutreffen. Der braunschuppige Hut wird 20–30 cm breit, der genatterte Stiel bis zu 40 cm hoch. Ein wattiger Ring am Stiel läßt sich nach oben und unten verschieben, so daß der Pilz wirklich einem Schirm sehr ähnlich ist. Der kleinere Safranschirmling (*Macrolepiota rhacodes*) läuft im Anschnitt besonders an der knolligen Stielbasis roströtlich an. Von beiden Pilzarten können die flach aufgeschirmten Hüte außer zum Trocknen nur paniert gebraten verwendet werden, sind so zubereitet aber besonders gut. Ganz junge geschlossene Pilze, die sogenannten Paukenschlegel, können, fein aufgeschnitten, einem Mischgericht beigegeben werden.

Rotbrauner Riesenträuschling
Stropharia rugoso-annulata   Bild Seite 10

Er macht seinem Namen alle Ehre und wird riesengroß. Mein erstes gezüchtetes Exemplar wog fast 2 Pfund. In der Natur kommt er von Frühsommer bis Herbst gerne auf freien Feldern vor, wo Stroh untergepflügt wurde. Dort erscheint er dann in vielen Exemplaren. Er gilt als selten, weil er nicht überall wächst. Es lohnt sich, ihn zu züchten, da er gute bis sehr gute Ernten bringt. Sein Geschmack ist mittelmäßig, wenn man den leichten Rübengeruch als störend empfindet. Es läßt sich jedoch mit dem richtigen Rezept etwas dagegen tun, zum Beispiel durch Zugabe von Kräutern, Gewürzen oder Essig, und einige junge Pilze im Mischgericht sind hervorragend.

Blutreizker   Bild gegenüber
Fichtenreizker, Echter Reizker, Lachsreizker, Edelreizker, Wacholderschwamm
Lactarius deterrimus, deliciosus, salmonicolor

Als Speisepilzsammler sagen Sie vielleicht zu jedem Milchling, der rote Flüssigkeit absondert, Blutreizker. Das mag genügen, denn die irgendwie rot gefärbte »Milch« bürgt für Eßbarkeit. Der fortgeschrittene Pilzfreund unterscheidet mehrere Arten je nach Standort und Verfärbung der Flüssigkeit. Alle schmekken etwas erdig bis bitterlich, am besten ist der Echte Reizker, der im Sommer bis Herbst bei Kiefern wächst. Wenige junge Exemplare in einem Mischgericht schaden nicht. Sind große Mengen zu verarbeiten empfiehlt es sich, die Pilze als Einzelgericht zu braten (Rezept Seite 49), eine Suppe davon zu bereiten oder sie sauer einzulegen. Besonders gut sind junge Hüte, paniert gebraten.

◁ Pilztorte, Rezept Seite 58, mit Grünling, Seite 16, Blutreizker, Seite 18, Amethystblauem Lacktrichterling, Seite 15, Stockschwämmchen, Seite 21, Trompetenpfifferling, Seite 21

Stockschwämmchen Bild gegenüber
Stockschüppling, Laubholzschüppling
Kuehneromyces mutabilis

Vom Frühsommer bis zum Herbst erscheint dieser beliebte Pilz an Stümpfen von Laubholz. Bis zu 16 Jahre lang wurden solche tragenden Stubben beobachtet und immer in der gleichen Fülle. Am wasserdurchfeuchteten Hutrand sind die Pilze am besten zu erkennen. Von den ähnlichen Schwefelköpfen unterscheiden sie sich durch eine Ringzone am Stiel, darunter ist der Stiel etwas schuppig. Das Stockschwämmchen ist ein sehr guter Aromapilz und kann allein verwendet werden, auch zu Spezialgerichten wie Stockschwämmchensuppe, oder es verleiht einem Mischgericht die notwendige Würze. Die zähen Stiele sind nicht zur Verarbeitung geeignet, können aber getrocknet werden und mancher Pilzbrühe als Grundlage dienen.

Fleischfarbener Speisetäubling
Russula vesca Bild Seite 9

Das auffälligste Merkmal dieses Pilzes ist neben der Farbe die zurückgezogene Haut am Hutrand. Die Lamellen werden dadurch etwas freigelegt und stehen wie kleine Zähnchen hervor, was im Foto (auf Seite 9) gut zu sehen ist. Wie alle Vertreter aus der Gattung Täubling – sie umfaßt 130–140 verschiedene Arten – hat der Fleischfarbene Speisetäubling mürbes, krümeliges Fleisch, was ihn für viele Gerichte besonders wertvoll macht. Ein großer Anteil von Täublingen läßt die Pilztorte (Rezept Seite 58) besonders gut geraten.

Wenn ein Pilz als Täubling sicher erkannt ist (zum Beispiel an den splitternden Lamellen und dem glatt brechenden Stiel, der nicht

ausfasert), darf er probiert werden. Alle milden sind eßbar, und das sind 60–70 Arten; die scharfen und bitteren sind ungenießbar. Täublinge wachsen im Laub- und Nadelwald und in Parkanlagen.

Pfifferling Bild Titelseite
Eierschwamm, Rehling, Recherl, Schweinsfüßerl, Geelchen, Gelbschwammerl
Cantharellus cibarius

Von ihm gibt es einige Unterarten, so daß der Unerfahrene ihn manchmal nicht wiedererkennt. Er wächst vom Juli bis Oktober, kleine sattgelbe Exemplare im Nadelwald und Heidekraut und in Moospolstern am Wegrand, große helle im Buchenwald, und welche mit lila Schüppchen auf dem Hut. Eine Geschmacksprobe zeigt, daß es immer der gleiche Pilz ist: roh probiert schmeckt er pfeffrigscharf. Er ist der am schwersten verdauliche Pilz und hat schon manches Magenweh auf dem Gewissen. Als würziger Mischpilz ist er gut geeignet oder als kleine Beilage zu Fleisch oder in Saucen. Der Pfifferling kann nicht getrocknet oder eingefroren werden; Konservierung durch Einwecken (siehe Seite 67).

Trompetenpfifferling Bild gegenüber
Cantharellus tubaeformis

Besonders im Spätherbst wächst er oft massenhaft im Laub- und Nadelwald. Den Namen verdankt er seiner wirklich trompetenartigen Gestalt. Da er in Mengen zu finden ist, sollten Sie einige Möglichkeiten der Verwendung und Haltbarmachung ausprobieren. Als Beigabe für Mischgerichte ist er gut zu gebrauchen, als würzige Einlage, zu Suppen und

Saucen und auch kleingehackt, mit Hackfleisch gemischt, für Bouletten. Getrocknet wird er ziemlich zäh, ergibt ausgekocht jedoch eine gute Brühe. Zum Einfrieren ist er nicht gut geeignet, höchstens als kleine Beigabe in einer Pilzmischung. Konservierung nur durch Einwecken (siehe Seite 67).

Schafporling   Bild U 2
Albatrellus ovinus

Von Juli bis Oktober im Nadelwald zu finden. Büschelig verwachsen in dichten Knäueln, ähnelt er kaum einem anderen Pilz. Auf der Hutunterseite zeigt er eine dünne Porenschicht, also weder Röhrenpolster noch Lamellen. Nach Anschnitt färbt er sich später kräftiggelb, ebenso beim Kochen. Junge Exemplare sind wohlschmeckend und knackig im Fleisch, so daß dieser Pilz für viele Gerichte gebraucht werden kann.

Habichtspilz   Bild U 2
Rehfellchen, Hirschling, Hirschschwamm
Sarcodon imbricatum

Diesen Pilz findet man nicht überall. Er wächst von August bis November in Nadelwäldern, kommt dort dann aber fast jedes Jahr wieder. Er ist beim Pilzsammler beliebt, aber wohl eher deshalb, weil er nicht mit Giftpilzen verwechselt werden kann. Durch seine Bitterkeit kann er schon mit einem Exemplar ein ganzes Gericht verderben, außer, man liebt es bitter. Es empfiehlt sich gerade für diesen Pilz das Kochen in einer sauren Sauce (Rezept Seite 39), weil seine Bitterkeit dann sehr gemildert wird. Junge Pilzstücke getrocknet ergeben eine gute Würze.

Blasiger Becherling   Bild Seite 56
Peziza vesiculosa

Dieser becherförmige Pilz wächst vom Frühjahr bis zum Spätherbst auf altem Mist, an faulendem Stroh, auf gedüngten Böden und ähnlichen Stellen. Wie viele weitere Becherlinge ist er zwar nicht aromatisch, ergibt jedoch durch sein interessantes Aussehen und die brüchig-zarte Substanz einen guten Salat oder zaubert eine besondere Note in ein chinesisches Gericht.

Speisemorchel   Bild Seite 9
Rundmorchel, Maipilz, Maurich
Morchella esculenta

Die Speisemorchel – für mich der beste aller Pilze – gibt es bereits ab März. Mit ihr erscheinen auch weitere Morchelarten und der köstliche Morchelbecherling. Alle bevorzugen den gleichen Standort: feuchte Parkanlagen oder einen Auwald, ein feuchtes Wäldchen in einer Flußebene oder entlang einem Bach. Es muß auch etwas Kalk im Boden sein, sonst wächst die Morchel nicht. Es genügt jedoch schon der Untergrund aus Schottersteinen, wenn ein Forstweg durch das Wäldchen führt. Dann säumen die Morcheln den Straßenrand. Das feine Aroma und die herzhafte Bißfestigkeit machen den besonderen Wert der Morchel aus. Sie ist für jedes Gericht geeignet. Getrocknete Morcheln lassen sich nach dem Einweichen in etwas Wasser wie frische Pilze verarbeiten, was sonst nur noch bei der Krausen Glucke (*Sparassis crispa*) möglich ist. Als Sauceneinlage oder für eine Pilzcremesuppe ist die Morchel unübertrefflich.

Die besten Speisepilze auf einen Blick

Wichtige Hinweise zur Tabelle

Alle genannten Speisepilze (und noch viele mehr) sind in der gleichen Reihenfolge in meinem Buch »700 Pilze in Farbfotos«* enthalten. Diese Reihenfolge ergibt sich aus der Gruppierung nach Pilzgattungen (zum Beispiel Röhrlinge, Ritterlinge, Täublinge); sie ist für den Pilzsammler von Vorteil, weil Pilze einer Gattung ähnliche Eigenschaften für die Verwertung aufweisen.

Der *Pilzname* ist der gebräuchlichste; der Pilz kann gebietsweise auch anders heißen.

 Die *Erntezeit* gibt an, wann Sie den Pilz finden können.

F = Frühjahr
S = Sommer
H = Herbst
Sph = Spätherbst
W = Winter

 Zum *Kochen als Einzelgericht* werden Arten mit feinem Aroma, von guter Beschaffenheit empfohlen; es bedeutet aber auch, daß der Pilz, gemischt mit anderen, noch besser schmecken kann.

Zum *Kochen als Mischgericht* eignet sich ein Pilz mit irgendwelchen Mängeln; er ist unergiebig, hat zuviel oder zuwenig Aroma oder ist einseitig pilzfremd aromatisiert (starker Geschmack nach Anis, Bittermandel, altem Mehl, Lerchensporn, Rüben, Rettich); er kann jedoch das Mischgericht durchaus verbessern oder jedenfalls auffüllen.

 Zum *Braten* geeignet sind außer den Nur-Bratpilzen trockenfleischige Arten, die man in passende Scheiben aufschneiden kann.

 Für *Salat* eignen sich elastische Pilze besser; nicht so gut sind krümelige (Täublinge).

 Zum *Würzen* nimmt man Pilze mit starkem Aroma; sie verleihen Fleischgerichten oder Saucen den kräftigen Geschmack. Je stärker das Aroma, desto weniger Pilze braucht man.

 Zum *Einlegen* eignen sich wasseraufsaugende Pilzarten; sie nehmen die Würzlake gut auf, der eigentliche Pilzgeschmack wird dabei stark beeinflußt; Edelpilze sind deshalb zu schade dafür.

 Für einen Pilz zum *Trocknen* ist immer Voraussetzung, daß er bei trockener Witterung gesammelt und nicht gewaschen wurde.

 Einfrieren lassen sich Pilze gut als Mischgericht; Einzelarten, eingefroren, bieten ein enttäuschendes Ergebnis.

 Einwecken darf man Pilze nur streng nach Vorschrift; auch hier ist eine Pilzmischung besser als Einzelarten.

Durch *Silieren* (siehe Seite 68) werden minderwertige Pilze genießbar und haltbar zugleich; auch Massenpilze können dazu verwendet werden.

* Erschienen im AT Verlag, Aarau/Stuttgart

Die besten Speisepilze auf einen Blick

Pilzname	Ernte-zeit	zum Kochen		zum Braten	als Salat	als Würze	Pilze als Vorrat				
		Einzel-gericht	Misch-gericht				Ein-legen	Trocknen	Ein-frieren	Ein-wecken	Silieren
Austernseitling	H–F	X			X		X	X	X	X	X
Shiitake	H–F	X				X		X	X	X	
Hohlfußröhrling	S/H		X		X			X	X	X	
Goldröhrling	S/H	X	X		X			X	X	X	
Butterröhrling	S/H	X	X	X	X			X	X	X	
Elfenbeinröhrling	S/H		X		X			X	X	X	
Körnchenröhrling	S/H		X		X			X	X	X	
Kuhröhrling	S/H		X		X			X	X	X	
Sandröhrling	S/H		X				X	X	X	X	X
Brauner Filzröhrling	S/H		X		X			X	X	X	
Maronenröhrling	S/H	X	X	X	X	X		X	X	X	
Ziegenlippe	S/H		X	X	X			X	X	X	
Rotfußröhrling	S/H		X		X			X	X	X	
Flockenstieliger Hexenröhrling	S/H	X	X	X	X			X	X	X	
Netzstieliger Hexenröhrling	S/H	X	X	X	X			X	X	X	
Schwarzblauender Röhrling	S/H		X	X	X			X	X	X	
Anhängselröhrling	S/H	X	X	X	X			X	X	X	
Steinpilz (4 Arten)	S/H	X	X	X	X			X	X	X	
Espenrotkappe	S/H	X	X	X	X			X	X	X	
Birkenrotkappe	S/H	X	X	X	X			X	X	X	
Hainbuchenröhrling	S/H		X	X	X			X	X	X	
Moorbirkenpilz	S/H	X	X	X	X			X	X	X	
Birkenpilz	S/H	X	X	X	X			X	X	X	
Kuhmaul	S/H	X	X	X	X			X	X	X	

Die besten Speisepilze auf einen Blick

Pilzname	Erntezeit	zum Kochen		zum Braten	als Salat	als Würze	Pilze als Vorrat				
		Einzelgericht	Mischgericht				Einlegen	Trocknen	Einfrieren	Einwecken	Silieren
Kupferroter Gelbfuß	S/H		×		×		×		×	×	
Goldzahnschneckling	S/H		×		×		×		×		
Waldschneckling	S/H		×		×				×		
Frostschneckling	Sph		×		×	×			×		
Natternstieliger Schneckling	S/H		×		×				×		
Schwarzpunktierter Schneckling	H		×		×				×		
Märzellerling	F	×	×	×	×	×			×		
Orange-Ellerling	H	×	×		×				×		
Größter Saftling	H	×	×		×			×	×	×	
Amethystblauer Lacktrichterling	S/H				×				×		
Rötlicher Lacktrichterling	S/H		×		×				×		
Anistrichterling	S/H		×						×		
Keulenfußtrichterling	S/H		×				×		×		
Mönchskopf	S/H		×		×		×		×		
Nebelkappe	Sph		×				×		×		
Violetter Rötelritterling	Sph	×	×		×		×		×		×
Lilastieliger Rötelritterling	Sph		×		×		×		×		×
Veilchenrötelritterling	S/H		×				×		×		×
Marmorierter Rötelritterling	Sph		×		×		×		×		

Die besten Speisepilze auf einen Blick

Pilzname	Ernte-zeit	zum Kochen Einzel-gericht	Misch-gericht	zum Braten	als Salat	als Würze	Pilze als Vorrat Ein-legen	Trocknen	Ein-frieren	Ein-wecken	Silieren
Rötlicher Holzritterling	S/H		×		×		×		×		×
Schwarzfaseriger Ritterling	H/W	×	×		×			×	×	×	
Grünling	Sph	×	×		×		×		×	×	
Sellerieritterling	Sph		×			×			×		
Seidiger Ritterling	S/H		×		×				×		
Schwarzschuppiger Ritterling	S/H		×		×		×		×		
Erdritterling	S/H		×		×				×		
Hallimasch	S/H	×	×		×		×		×	×	×
Weißer Rasling	S/H		×				×		×		
Geselliger Rasling	H		×		×		×		×	×	
Maipilz	F		×	×	×		×		×		
Kurzstieliger Weichritterling	S/H		×		×		×		×		
Gemeiner Weichritterling	S/H		×				×		×		
Frühlings-weichritterling	F/H		×		×		×		×		
Butterrübling	S/H		×						×		
Breitblättriger Samtrübling	S/H		×		×		×		×		
Kiefernzapfen-rübling	F		×						×		
Fichtenzapfen-rübling	F		×						×		
Knoblauch-schwindling	S/H					×		×			

Die besten Speisepilze auf einen Blick

Pilzname	Ernte-zeit	zum Kochen Einzel-gericht	Misch-gericht	zum Braten	als Salat	als Würze	Pilze als Vorrat Ein-legen	Trocknen	Ein-frieren	Ein-wecken	Silieren
Saitenstieliger Knoblauch-schwindling	S/H					×					
Nelkenschwindling	S/H	×	×		×	×		×	×	×	
Samtfußrübling	W		×		×	×			×		
Blaßbrauner Rötling	F		×		×				×		
Großer Scheidling	S/H		×		×				×		
Rehbrauner Dachpilz	S/H		×		×		×				
Riesenscheiden-streifling	S/H		×		×				×		
Safrangelber Scheidenstreifling	S/H		×		×				×		
Gelbbräunlicher Scheidenstreifling	S/H		×		×				×		
Perlpilz	S/H	×	×		×				×	×	
Stadtchampignon	S/H	×	×	×	×			×	×	×	
Zweisporiger Champignon	S/H		×		×			×	×	×	
Kleiner Blutegerling	S/H		×		×			×	×	×	
Großer Waldchampignon	S/H	×	×	×	×			×	×	×	
Kompostegerling	S/H	×	×	×	×			×	×	×	
Wiesenchampignon	S/H	×	×	×	×			×	×	×	
Anischampignon	S/H	×	×	×		×		×	×	×	
Großsporiger Champignon	S/H	×	×	×	×			×	×	×	
Parasolpilz	S/H			×				×			
Rötender Schirmling	S/H			×				×			

Die besten Speisepilze auf einen Blick

Pilzname	Ernte-zeit	zum Kochen Einzel-gericht	zum Kochen Misch-gericht	zum Braten	als Salat	als Würze	Pilze als Vorrat Ein-legen	Pilze als Vorrat Trocknen	Pilze als Vorrat Ein-frieren	Pilze als Vorrat Ein-wecken	Silieren
Faltentintling	S/H		×		×			×	×	×	
Schopftintling	S/H	×	×		×			×	×	×	
Voreilender Ackerling	F		×			×		×			
Rotbrauner Riesenträuschling	S/H		×					×			
Graublättriger Schwefelkopf	Sph	×	×			×		×	×	×	
Stockschwämmchen	S/H	×	×			×		×	×	×	
Ziegelgelber Schleimkopf	S/H		×		×			×	×	×	
Zigeuner, Reifpilz	S/H	×	×		×	×		×	×	×	
Gelber Graustieltäubling	S/H		×						×	×	
Orangeroter Graustieltäubling	S/H		×						×	×	
Gefelderter Grüntäubling	S/H		×						×	×	
Speisetäubling	S/H	×	×						×	×	
Frauentäubling	S/H	×	×			×			×	×	
Wieseltäubling	S/H	×	×			×			×	×	
Heringstäubling	S/H		×						×	×	
Buckeltäubling	S/H		×						×	×	
Rotstieliger Ledertäubling	S/H		×						×	×	
Brauner Ledertäubling	S/H		×						×	×	
Apfeltäubling	S/H		×						×	×	
Pfeffermilchling	S/H			×							×

Die besten Speisepilze auf einen Blick

Pilzname	Ernte-zeit	zum Kochen Einzel-gericht	zum Kochen Misch-gericht	zum Braten	als Salat	als Würze	Ein-legen	Trocknen	Ein-frieren	Ein-wecken	Silieren
Mohrenkopfmilchling	S/H	×	×			×			×	×	
Echter Reizker	S/H		×	×	×		×				
Maggipilz	S/H					×					
Milchbrätling	S/H			×							
Rotbrauner Milchling	S/H										×
Riesenbovist	S/H			×							
Flaschenbovist	S/H			×							
Pfifferling	S/H	×	×			×				×	
Trompetenpfifferling	S/H		×							×	
Herbsttrompete	S/H		×			×		×		×	
Schweinsohr	S/H	×	×	×	×	×		×	×	×	
Semmelstoppelpilz	S/H		×			×			×		
Schafporling	S/H		×						×	×	
Ziegenfußporling	S/H	×	×		×	×		×	×	×	
Eichhase	S/H		×			×		×	×	×	
Schwefelporling	S/H			×							
Krause Glucke	S/H	×	×		×	×		×	×	×	
Habichtspilz	S/H							×			
Rötlicher Gallerttrichter	S/H				×						
Speisemorchel	F	×	×			×		×	×	×	
Spitzmorchel	F	×	×			×		×	×	×	
Morchelbecherling	F	×	×			×		×	×	×	
Blasenförmiger Becherling	S/H				×						
Orangebecherling	S/H				×						

Pilze richtig vorbereiten

Keine Mühe mit dem Putzen

Wenn Ihnen als Hausfrau beim Anblick des großen Korbes voll Pilze, den Sie aus dem Wald heimbringen, die Begeisterung schwindet, weil Sie sie jetzt mühsam putzen müssen, dann machen Sie etwas falsch. Die Pilze sollten bereits fast sauber im Korb liegen, denn gleich beim Aufnehmen im Wald werden sie von Nadeln und Humusteilchen befreit, die Stielbasis wird gesäubert und Madengänge werden herausgeschnitten. Zur besseren Beurteilung auf Madenfraß wird der Pilz einmal senkrecht durchgeschnitten. Röhren und Lamellen werden nicht entfernt, nur schleimige Huthaut – wie beim Butterröhrling, Goldröhrling und Kuhmaul – wird gleich abgezogen, damit nicht alle übrigen Pilze damit ver-

Nur schleimige Huthaut, die andere Pilze im Korb verkleben könnte, wird gleich im Wald abgezogen, und zwar vom Rand zur Hutmitte.

kleben. Wenn Sie also die Haupt-Putzarbeit schon »nebenbei« während des Sammelns erledigen, können Sie sich uneingeschränkt über jeden Korb voll Pilze freuen, die eine so köstliche Bereicherung Ihres Speisezettels sind und einen Gratisvorrat für den Winter bringen.

Waschen möglichst vermeiden

Wenn es möglich ist, Pilze durch Putzen ganz sauber zu bekommen, ist Waschen nicht nur überflüssig, sondern fast eine Sünde. Kenner wissen, daß nur ungewaschene Pilze das prächtige Aroma entwickeln, das wir von ihnen erwarten. Nur sehr verschmutzte Pilze sollten gewaschen werden. Dazu schüttet man sie nach dem Vorputzen unzerteilt in Wasser (Spüle, Wanne, Eimer), wäscht sie kurz aber kräftig durch und hebt sie sofort auf einen Durchschlag (Sieb) zum Abtropfen. Notfalls muß der Waschgang noch einmal wiederholt werden. Bei besonders stark verschmutzten Pilzen (Grünling, Krause Glucke) können Sie mit einem Schwämmchen oder einer Bürste nachhelfen.

Einige Pilzarten werden das Wasser stark aufsaugen (Butterpilz, Goldröhrling, Violetter Ritterling, Birkenpilz, Sandröhrling). Für späteres Kochen schadet das nicht. Sollen sie jedoch im eigenen Saft geschmort oder gar gebraten werden, müssen sie nun durch kräftiges Ausdrücken vom Wasser befreit werden. Am besten geschieht das zwischen zwei Holzbrettern. Die Pilze leiden nicht darunter.

Je fester der Pilz, desto feiner die Scheibchen

Richtiges Zerkleinern der Pilze ist wichtig für das Gelingen eines Rezeptes. Das Pilzaroma kann sich nur entwickeln und auf die anderen Pilze in einem Mischgericht übergehen, wenn die Hüte und Stiele in ganz feine Scheibchen aufgeschnitten werden. Die Regel ist, je fester ein Pilz, desto feiner müssen die Scheibchen sein. Pilze werden nicht weicher durch längeres Kochen, im Gegenteil, dadurch werden auch zarte Pilze zäh und unverdaulich. Nur wenn das Rezept es vorschreibt, bleiben die Hüte oder kleine, junge Pilze ausnahmsweise ganz.

Pilze werden je nach Rezept zerkleinert. Hüte schneidet man der Länge nach in feine Scheibchen, Stiele quer zur Faser.

Das unnachahmliche Pilzaroma

Keine Pilzart – bis auf eine Ausnahme (Rotbrauner Milchling, Rezept Seite 50) – muß vor der eigentlichen Zubereitung abgebrüht werden. Das beste Aroma ginge damit verloren. Auch vor sauren Zusätzen wie Zitrone oder Weißwein, wie sie gerne in Pilzrezepten angegeben werden, kann ich bei guten Speisepilzen nur warnen. Jede Säure beeinflußt stark das unnachahmliche Pilzaroma. Dieses Wissen kann man sich jedoch zunutze machen, wenn minderwertige Pilze ohne besonderes Eigenaroma oder gar solche mit einem störenden Beigeschmack verwertet werden sollen. Auch daraus läßt sich noch ein sehr gutes Gericht zubereiten. Die Säure in Form von Essig, Zitrone oder Weißwein muß dann so eingesetzt werden, daß sie die Geschmacksrichtung bestimmt. Sie werden staunen, wie gut das Gericht schmeckt, auch wenn es mehr an saure Nieren, Kutteln oder ähnliche regionale Spezialgerichte erinnert als an Pilze. In diesem Buch finden Sie Pilzgerichte mit sauren Zusätzen unter den Koch- und Schmorpilzen, bei den Salaten und im Kapitel über Haltbarmachung auf Seite 64.

Wohin mit dem Pilzsegen?

Wenn die Ausbeute eines Sammeltages sehr reich war, es Ihnen also nicht möglich ist, die Pilze gleich nach dem Sammeln zu verarbeiten, gelten folgende Regeln:
Frische Pilze nicht im Korb oder Behälter lassen, sondern luftig auseinanderlegen. Den kühlsten Platz dafür wählen: Keller, Terrasse, Balkon. Kleine Mengen können im Kühlschrank aufbewahrt werden. Mit gekauften Pilzen ebenso verfahren.
Gekochte Pilze und Reste der Pilzmahlzeit nach dem Auskühlen sofort in geeignete Gefäße umfüllen (Glas, Porzellan oder die eigens für den Kühlschrank geschaffenen Plastikbehälter mit Deckel). 1–2 Tage Aufbewahrung im Kühlschrank schadet den Pilzen nicht. Widersprechende Angaben aus Presse und Rundfunk entstammen Reportagen schlecht informierter Berichterstatter. Auch Warnungen vor Aufwärmung und Wiederverwertung von Pilzsaucen, auf den Firmenpäckchen gut sichtbar angebracht, dienen bequemerweise vorbeugend zum Schutz des Herstellers gegen jegliche Haftung und auch zum besseren Absatz des Fabrikates, wenn ein Teil davon immer weggeworfen wird.
Konservierte und tiefgefrorene Pilze sollten immer restlos verbraucht werden, denn sie werden beim Zubereiten ja bereits wiedererwärmt, nachdem sie früher schon verarbeitet wurden.

Pilze kochen und schmoren

Vor dem Kochen zu lesen

Die benötigte Pilzmenge habe ich bewußt in den meisten Rezepten als »Handvoll« bezeichnet. *Eine Handvoll Pilze* ist etwas so naturhaft Gutes, mit Glück Gefundenes, ein Schatz, daß ich mir kein besseres Mengenmaß für die Pilzrezepte vorstellen kann. Sollte man sie wiegen? Was würde man mit einem Pilz zuviel machen, und wodurch sollte man einen zuwenig ersetzen? Also nimmt man, was man gefunden hat, wenn es ungefähr eine Handvoll ist. Bald werden Sie aus Erfahrung die Menge abschätzen können: es soll genug sein für eine Beilage oder eine kleine Mahlzeit, denn zu große Pilzportionen bekommen niemandem gut. In fertig geschmortem Zustand ist das, um jetzt ein ganz profanes Maß zu nennen, eine knappe Tasse (Kaffeetasse) voll. Diese Menge kann mit einem einzigen jungen Steinpilz erreicht werden, während man von leichten, sperrigen Pilzen, wie zum Beispiel dem Trompetenpfifferling, zwei Hände voll dazu braucht.

Ein Wort noch zur *Garzeit:* ein Pilzgericht muß in 10–15 Minuten fertig sein. Längeres Garen macht die Pilze nur härter. Wenn Sie in meinen Rezepten dennoch längere Garzeiten finden, so sind diese in einem gemischten Gericht mit Pilzen für die übrigen Zutaten erforderlich.

Mein Tip Die Rezepte dieses Buches sind, wenn nicht anders angegeben, für 2 Personen berechnet.

So gelingen Pilz-Schlemmereien

Fast alle Pilze eignen sich zum Kochen oder zum Schmoren. In der großen Übersicht auf Seite 23 sehen Sie auf einen Blick, welche es sind. Je mehr Pilzarten in einem Mischgericht enthalten sind, um so abgerundeter wird der Pilzgeschmack, um so vollendeter unser fertiges Pilzgericht.

Ob wir kochen oder schmoren, wir brauchen Flüssigkeit für das Gargut. Gekocht wird mit Wasser oder Brühe. Die Flüssigkeit soll sprudeln oder auch nur leise sieden; wenn sie nicht verdampfen muß, wird der Topf zugedeckt. Geschmort wird im offenen Topf oder in der Pfanne mit etwas Fett bei starker Hitze. Wenn das Gargut Saft bildet, genügt dieser meist als Flüssigkeit. Je nach Rezept gibt man zum Schluß etwas Sahne hinzu.

Topf oder Pfanne sollten einen starken Boden haben. Für Butter (zu einer Mehlschwitze) verwende ich einen Schmortopf (Kasserolle). Je heißer das Fett (Öl, Schmalz) für ein Gericht werden muß, desto stabiler soll der Topf sein; ich nehme dann einen Bratentopf oder eine geräumige Pfanne.

Legt man für ein bestimmtes Gericht Wert auf ein helles Aussehen der Pilze und der Pilzsauce, so müssen die Pilzarten mit weißem Sporenstaub gewählt werden. Weiß- oder Hellsporer sind: Täublinge, Ritterlinge, Ellerlinge, Schnecklinge, Krause Glucke, Austernseitling, Schweinsohr, Mönchskopf, Hallimasch, Morcheln, Perlpilz, Scheidenstreifling. Hell bleiben auch Champignons, deren Lamellen noch rosa sind, und Schopftintlinge mit weißen Lamellen. Braunsporende Pilze färben sich und die Sauce hell- bis dunkelbraun.

Einige Pilzarten eignen sich nicht zum Kochen oder Schmoren:

der Brätling wird beim Kochen schleimig und schmeckt dann widerlich. Er ist roh, mit Salz bestreut, eßbar und gebraten recht gut (Rezept Seite 50);

der Parasol – gebraten eine Delikatesse – wird gekocht zäh und lappig und ist dann fast ungenießbar. Allerjüngste, noch geschlossene Exemplare können, fein aufgeschnitten, einem Mischgericht beigegeben werden;

der Blutreizker schmeckt recht erdig bis bitter, die Bitterkeit verliert sich dagegen, wenn er gebraten oder sauer eingelegt wird. Wenige Exemplare, fein aufgeschnitten, schaden in einem Mischgericht nicht;

der Pfeffermilchling ist überhaupt nur scharf gebraten genießbar.

Klare Brühe von Frischpilzen

Diese klare Brühe kann als Vorsuppe, aber auch statt Wasser oder Brühe für alle Pilz- und Fleischgerichte, für Eintöpfe, Saucen und Suppen verwendet werden. Sie unterscheidet sich von der nachfolgenden Brühe aus Trockenpilzen durch zarteres, pilzigeres Aroma, während die Trockenpilze eine würzigere, fleischgeschmack-ähnlichere Brühe ergeben.

Eine gute Handvoll frische Pilze (Stockschwämmchen, Graublättriger Schwefelkopf, verschiedene Täublinge, Reifpilz, verschiedene Ritterlinge, Krause Glucke, verschiedene Champignons, Trompetenpfifferling, Pfifferling, Kuhmaul, Schopftintling, Scheidenstreifling, Tränender Saumpilz, Herbsttrompete,

Nelkenschwindling, Knoblauchschwindling, Bruchreizker/Maggipilz oder Pilzabfall, wie die sonst unbrauchbaren Stiele von Parasol, Stockschwämmchen, Graublättrigem Schwefelkopf, Nelkenschwindling, Hallimasch, Samtfußrübling, Austernseitling) · 3 Tassen Wasser · 1/4 Teel. Salz

So wird's gemacht: Die Pilze oder Pilzstiele grob zerschneiden, mit dem Wasser und dem Salz zum Kochen bringen und 20 Minuten leise weiterkochen lassen. • Die Brühe abseihen; die ausgekochten Pilze nicht weiterverwenden. • Als Vorsuppe erhält die Brühe eine kleine Einlage nach Geschmack.

Das paßt als Einlage: Eierstich, kleinste Schwemmklößchen, hübsche Nudeln, junge Erbsen, Karotten, Spargel oder alle drei Gemüse gemischt, ein paar frische Pilzstückchen (Reifpilz, Anischampignon, Frauentäubling, Grüngefelderter Täubling, junger Steinpilz, Pfifferling, Morchel, Märzellerling, Krause Glucke, Schwarzfaseriger Ritterling). Auch eingestreute gehackte Kräuter sehen hübsch aus und schmecken gut (Petersilie, Wilder Majoran, Thymian – ich nehme immer Bärwurz).

Mein Tip Wenn Sie den Schuppigen Porling kennen, der ab Frühjahr an Laubholzstümpfen wächst, dann kochen Sie diesen einmal zu einer Brühe aus. Ich übertreibe nicht, wenn ich sage, daß die Brühe von einer echten Fleischbrühe kaum zu unterscheiden ist.

Klare Brühe von Trockenpilzen

Je nach der Farbe der getrockneten Pilze wird die Brühe hell oder bräunlich bis dunkelbraun. Auch sie kann als Vorsuppe ebenso wie als Auffüllflüssigkeit statt Wasser verwendet werden und Fleischgerichten, Saucen, Eintöpfen und Suppen einen besonderen Geschmack verleihen.

¹/₂ Tasse Trockenpilze (Pilzarten siehe Seite 65) · 3 Tassen Wasser · ¹/₄ Teel. Salz

So wird's gemacht: Die Trockenpilze mit dem Wasser und dem Salz zum Kochen bringen und etwa 20 Minuten bei milder Hitze ziehen lassen. • Die Brühe abseihen; die ausgekochten Pilze nicht weiterverwenden. • Als Vorsuppe schmeckt die Pilzbrühe, da völlig fettlos, auch kalt (dann aber gut gekühlt). Sie sollte wie die klare Brühe aus Frischpilzen immer durch eine kleine Einlage angereichert werden; Vorschläge finden Sie im vorangegangenen Rezept.

Überraschung für Suppenfreunde
Bild Seite 37

*1 Markknochen · 1 Tasse Wasser · 1 kleine Portion Blätterteig aus der Tiefkühltruhe · wenige Karottenscheibchen oder -stifte · einige Erbsen · eventuell 1 Stückchen Sellerie und Petersilienwurzel oder einige Blättchen da-*von *· 2 Tassen Pilzbrühe (Rezepte Seite 33 und nebenstehend) · ¹/₂ Tasse blättrig geschnittene Pilzchen (es müssen die besten und jüngsten sein: Champignons, Morcheln, Täublinge, Ritterlinge, Reifpilz, Graublättriger Schwefelkopf, Nelkenschwindling, Krause Glucke, Ziegenfußporling, Märzellerling, Frostschneckling) · 1 Prise Salz · 1 Schnapsglas trockener Sherry · 1 Eigelb*

So wird's gemacht: Zunächst den Markknochen mit dem Wasser 1 Stunde auskochen, was ziemlich schwierig ist, da das Wasser gerne verdampft. Ich koche daher für mich allein sogar eine größere Portion, als ich hier für 2 Personen angebe. Lieber esse ich wiederholt das gleiche herrliche Gericht. • Wenn Ihnen an dem Mark, das später die Suppe zieren soll, nicht so viel liegt, können Sie auch etwas Suppenfleisch mit Knochen auskochen. • Den Blätterteig nach Vorschrift auftauen lassen. Die gewählten Gemüse zum Schluß zur Knochenbrühe geben und etwa 10–12 Minuten mitkochen, bis sie gar, aber nicht zu weich sind. Den Backofen auf 200 ° vorheizen. • Den oder die Knochen aus der Brühe nehmen, Mark oder Fleisch kleinschneiden. Die Pilzbrühe, die Pilzscheibchen und das Salz in die Suppe mischen, erneut kurz aufkochen.

Die Teighülle bewahrt das ganze köstliche Aroma der Pilzsuppe bis zum Servieren.

Den Topf vom Herd nehmen und den Sherry dazugießen. Die Mark- oder Fleischstückchen einlegen und die Suppe auf zwei etwas größere feuerfeste Tassen verteilen. • Den Blätterteig ausrollen und zwei Stücke so groß rund ausschneiden, daß die Tassen damit bedeckt werden können und noch etwa 2 cm Teig über den Rand der Tassen übergreift. Den Teig- oder den Tassenrand mit dem Eigelb bestreichen. Den Teig auflegen und ringsum gut andrücken. Jetzt ist die Suppe völlig abgeschlossen. • Die Tassen in den vorgeheizten Backofen stellen und den Teig in etwa 8 Minuten hellbraun backen. • Und dann kommt die Überraschung: Sie sitzen erwartungsvoll am gedeckten Tisch, die verschlossene Suppe steht glühendheiß und geheimnisvoll vor Ihnen. Sie beugen sich ein wenig darüber und schneiden mit dem Löffel den Teig heraus – da kommt ein Schwall köstlichen Aromas auf Sie zu! Sie schnuppern und finden, allein dieser Duft hat die kleine Mehrarbeit gelohnt. Auch der Geschmack der Suppe ist viel intensiver – Sie werden, solange die Suppe zum Essen noch zu heiß ist, schon überlegen, welche Freunde Sie damit überraschen können. • In feinen Häusern wird die Teighülle beiseite gelegt, sie hat ihren Zweck als Aromaschutz erfüllt. Ich esse sie immer zur Suppe, weil ich so ungern etwas umkommen lasse.

Cremesuppe aus Pilzbrühe

*2 Eßl. Butter · 1 gestrichener Eßl. Mehl ·
3 Tassen Pilzbrühe (Rezepte Seite 33, 34) ·
1 Prise Salz · 1 kleine Prise Pfeffer · 1 Eigelb · etwas Sahne · 1 Eßl. gehackte
Petersilie · 1 Scheibe Toastbrot*

So wird's gemacht: 1 Eßlöffel Butter im Topf erhitzen, das Mehl darin gut durchschwitzen, aber nicht bräunen. Nach und nach mit der Pilzbrühe auffüllen, dabei immer mit dem Schneebesen rühren, damit sich keine Klümpchen bilden. Das Salz und den Pfeffer zugeben. • Den Topf vom Herd nehmen. Das Eigelb mit etwas Sahne oder Dosenmilch verquirlen und unter Rühren in die nicht mehr kochende Suppe geben. Die gehackte Petersilie aufstreuen. • Das Toastbrot in Würfel schneiden, in der restlichen Butter in einer Pfanne hell bräunen und die Würfel auf die Suppe schütten oder in die Suppenteller verteilen.

Cremesuppe aus Frischpilzen

*Eine gute Handvoll frische Pilze (Täublinge, Ritterlinge, Krause Glucke, Reifpilz, Scheidenstreifling, Kuhmaul, Graublättriger Schwefelkopf, Stockschwämmchen, Austernseitling, Pfifferling, Trompetenpfifferling, Perlpilz, Hallimasch, Champignons, Semmelbrauner Schleimkopf, nur sehr junge Steinpilze, Birkenpilze und Rotkappen) · 1/2 Zwiebel ·
1 Eßl. Bratfett (Öl, Margarine, Butter, Speckfett) · 1 gestrichener Eßl. Mehl ·
1/4 Teel. Salz · 1 Prise Pfeffer · 3 Tassen Wasser · 1 Eigelb · etwas Sahne · 1 Eßl. gehackte Petersilie*

So wird's gemacht: Die Pilze fein aufschneiden. Die Zwiebel schälen und feinwürfeln. • Das Fett im Topf oder einer tiefen Pfanne zerlassen. Die Zwiebelwürfel darin glasig braten. Die gemischten Pilze dazugeben und kräftig durchschmoren, bis fast aller Saft verdampft ist (3 Minuten bei starker Hitze). • Die Pilzmischung gleichmäßig mit dem Mehl bestäuben und gut durchrühren. Das Salz und den Pfeffer zugeben und mit dem Wasser auffüllen. Wieder gut rühren und 10 Minuten leise kochen lassen. • Den Topf vom Herd nehmen. Das Eigelb mit etwas Sahne verrühren und die nicht mehr kochende Suppe damit legieren. Zum Schluß die Petersilie daraufstreuen.

Mein Tip Wenn Sie frischen Buttergeschmack lieben, lassen Sie ganz zum Schluß noch ein Stückchen Butter in der Suppe zerlaufen, oder geben es auf Ihren Teller, bevor Sie die Suppe einfüllen.

Pilz-kartoffelsuppe

Eine Handvoll Pilze (Täublinge, Ritterlinge, Schopftintling, Krause Glucke, Reifpilz, Semmelbrauner Schleimkopf, Champignons, Graublättriger Schwefelkopf, Stockschwämmchen, Nelkenschwindling, Austernseitling, sehr junge Röhrlinge, Pfifferling, Trompetenpfifferling, Hallimasch) · 1 Zwiebel · 1 Eßl. feine Speckwürfel · ¹/₄ Teel. Salz · 1 größere Prise Pfeffer · 3 Tassen Wasser · 1 Beutel Kartoffelsuppe (Trockenpulver für ¹/₂ l Wasser)

So wird's gemacht: Die Pilze fein aufschneiden. Die Zwiebel schälen und feinwürfeln. • In tiefer Pfanne oder im Bratentopf die Speckwürfel ausbraten und hellbraun anrösten. Die Zwiebelwürfel zugeben und glasig braten. Dann die Pilze dazuschütten und unter Wenden leicht durchschmoren. • Mit dem Salz und dem Pfeffer würzen und mit dem Wasser auffüllen. 5 Minuten leise kochen lassen. Unter Rühren so viel Kartoffelsuppenpulver einrieseln lassen, daß die Suppe die gewünschte Konsistenz bekommt. Nur noch kurz erhitzen.

Reizkersuppe

Eine Handvoll Blutreizker · 1 Zwiebel · 1 Eßl. Bratfett (Öl, Butter, Margarine, Speckfett) · 1 gestrichener Eßl. Mehl · ¹/₄ Teel. Salz · 1 Prise Pfeffer (es darf eine größere sein) · 3 Tassen Wasser oder Pilzbrühe (Rezepte Seite 33, 34) · 1 Stich Butter · 1 Eßl. gehackte Petersilie

So wird's gemacht: Die Pilze feinblättrig aufschneiden. Die Zwiebel schälen und würfeln. • Im Bratentopf das Fett erhitzen. Die Zwiebelwürfel und die Pilze darin zusammen gut durchbraten. Es soll kein Saft austreten, daher bei größter Hitzestufe arbeiten. Wenn die Zwiebeln braun zu werden beginnen, das Mehl darüberstäuben und verrühren. Das Salz, den Pfeffer und nach und nach das Wasser oder die Pilzbrühe zugeben, gut durchrühren und 5 Minuten leise kochen lassen. • Die Hitze abschalten. Die Butter in der Suppe zerlaufen lassen und die Petersilie darüberstreuen.

Variante: Nehmen Sie als Flüssigkeit nur 2 Tassen Wasser und dazu 1 Becher saure Sahne oder, wenn Sie keine saure Sahne zur

◁ Für Schlemmer mit großem Appetit ein Pilzeintopf mit Hülsenfrüchten, Rezept Seite 39

Hand haben, geben Sie in die fertige Suppe etwas Zitronensaft und eine Spur Zucker, das nimmt den Reizkern den herben Geschmack.

Pilzeintopf mit Hülsenfrüchten

Bild gegenüber

¹/₂ Tasse getrocknete Hülsenfrüchte (weiße Bohnen, Erbsen, Linsen) · 3 Tassen Wasser · 1 Handvoll Pilze (möglichst bißfeste wie Täublinge, Ritterlinge, Krause Glucke, Ziegenfußporling, Korallen, junger Semmelstoppelpilz, Schafporling, Hallimasch, Champignons) · 1 Zwiebel · etwas Öl · 1 Eßl. feine Speckwürfel · ¹/₂ Bund Suppengrün · ¹/₄ Teel. Salz · 1 größere Prise Pfeffer

So wird's gemacht: Die Hülsenfrüchte am Vortag in 1 Tasse Wasser einweichen. • Die Pilze feinschneiden. Die Zwiebel schälen und feinwürfeln. • Im Bratentopf mit einem kleinen Schuß Öl die Speckwürfel ausbraten und hellbraun rösten. Die Zwiebelwürfel zufügen und glasig braten. Die Pilze dazuschütten und kurz durchschmoren. • Das Suppengrün putzen, feinschneiden und mit dem restlichen Wasser sowie den gequollenen Hülsenfrüchten zu den Pilzen geben. Mit dem Salz und dem Pfeffer würzen. Kochen lassen, bis die Hülsenfrüchte gar sind (etwa 30 Minuten).

> **Mein Tip** Wenn Sie Ihre Bohnen-, Erbsen- oder Linsensuppe gerne mit einem Schuß Essig säuern, versuchen Sie es auch hier. Es schmeckt prima.

Pilze mit saurer Sauce

Zwei Handvoll Pilze (hier dürfen es auch solche sein, die einen bitteren oder unbeliebten Geschmack haben, denn der Essig nimmt diesen fort: junger Habichtspilz, Semmelstoppelpilz, Breitblättriger Samtrübling/Holzrübling, Rötlicher Holzritterling, Rehbrauner Dachpilz, Blutreizker, Fuchsiger Trichterling, Boviste, Schwefelporling, junger Schuppiger Porling, Mönchskopf, Riesenkrempentrichterling) · 1 Zwiebel · 1 Eßl. Schweineschmalz · 1 gestrichener Eßl. Mehl · 1 Tasse Wasser · 2 Eßl. Essig · ¹/₂ Lorbeerblatt · 3 Pimentkörner · ¹/₂ Teel. Zucker · ¹/₃ Teel. Salz · 1 große Prise Pfeffer

So wird's gemacht: Die Pilze feinschneiden. Die Zwiebel schälen und würfeln. • Im Bratentopf das Schmalz erhitzen und das Mehl darin unter ständigem Rühren recht braun rösten. Nach und nach mit dem Wasser auffüllen und gut verrühren, damit sich keine Klümpchen bilden. • Den Essig, das Stück Lorbeerblatt, die Pimentkörner, den Zucker, das Salz und den Pfeffer zufügen. Die Pilze und die Zwiebelwürfel dazugeben und die Sauce 10 Minuten leise kochen lassen. • Probieren, ob die Pilze vielleicht der Sauce zuviel Aroma entnommen haben und eventuell nachwürzen. Die Sauce soll säuerlich-pikant schmecken.

Variante: Die Pilze feinschneiden. Die Zwiebel schälen und würfeln. • Im Bratentopf das Schmalz erhitzen. Die Pilze und die Zwiebelwürfel darin durchschmoren, bis der Saft verdampft ist. Mit dem Mehl bestäuben, gut durchrühren und nach und nach mit dem Wasser auffüllen. • Den Essig, das Stück Lorbeerblatt und die Pimentkörner zufügen. Mit dem Zucker, dem Salz und dem Pfeffer würzen. Die Sauce 10 Minuten leise kochen lassen.

Bunter Gemüsetopf mit Pilzen

Bei diesem schmackhaften Eintopf habe ich die Flüssigkeit reichlich bemessen, denn vielleicht möchten Sie einen zweiten Teller voll davon essen.

1 Rinderknochen mit etwas Fleisch · 3–4 Tassen Wasser · 1 Handvoll Pilze (nur ganz junge Röhrlinge, Täublinge, Schnecklinge, Ritterlinge, Schopftintling, Krause Glucke, Reifpilz, Pfifferling, Champignons, Herbsttrompete, Tränender Saumpilz, Hallimasch, Perlpilz, Nelkenschwindling, Austernseitling) · etwas Gemüse aus dem Garten oder vom Markt nach Wahl (Karotten, Erbsen, Bohnen, Steckrüben, Kartoffeln, Sellerie, Petersilienwurzel, Kohlrabi, Weißkraut, Lauch/ Porree, Zwiebel) oder notfalls nur 1 Bund Suppengrün · ¹/₂ Teel. Salz · 1 Prise Pfeffer

So wird's gemacht: Den Fleischknochen mit dem Wasser so lange kochen, bis das Fleisch gar ist (etwa 1 Stunde und 30 Minuten). • Die Pilze und alles Gemüse kleinschneiden. Die Fleischbrühe abseihen. Das Fleisch vom Knochen lösen und kleinschneiden. • Die Brühe wieder zum Kochen bringen, das Salz und den Pfeffer zufügen. Die Pilze und alles Gemüse in die Suppe geben und 15 Minuten darin ga-

ren. Wer es noch bunter liebt, der nimmt zu den oben aufgezählten Gemüsesorten noch Tomate, Paprika und Gurke. • Zum Schluß das Fleisch in die Suppe geben.

> **Mein Tip** Wenn Sie einen Schnellkochtopf haben, braucht das Gericht nur 40 Minuten.

Kräutersauce mit hellen Pilzen

Zwei Handvoll Pilze mit hellem Sporenstaub (Täublinge, Ritterlinge, Ziegenfußporling, Märzellerling, Schnecklinge, Krause Glucke, Austernseitling, Mönchskopf, Scheidenstreifling, Perlpilz, Schopftintling, Faltentintling, Schafporling) · ¹/₂ Zwiebel · 1 Eßl. Butter · 1 gestrichener Eßl. Mehl · 1 Tasse Wasser · ¹/₄ Teel. Salz · ¹/₂ Tasse Sahne · 1 Eigelb · 2–3 Eßl. frische gehackte Kräuter (Petersilie, Dill, Wilder Majoran, Bärwurz, 1 Blatt Gundermann, junge Blättchen von Schafgarbe)

So wird's gemacht: Die Pilze fein aufschneiden. Die Zwiebel schälen und würfeln. • Im Schmortopf die Butter erhitzen und das Mehl darin gut anschwitzen. Nach und nach mit dem Wasser ablöschen und zu einer klümpchenfreien Sauce rühren. Das Salz, die Zwiebelwürfel und die Pilze zufügen und alles 10 Minuten leise kochen lassen. • Dann die Hitze abschalten. Die Sahne mit dem Eigelb verquirlen und die nicht mehr kochende Sauce damit legieren. Zum Schluß die gehackten Kräuter unterheben und die Sauce zugedeckt noch 2 Minuten stehen lassen.

<u>Paßt gut zu:</u> gebratenem oder gekochtem Fisch.

Mein Tip Nach Geschmack können Sie mit ein paar Tropfen Zitrone und einer Spur Zucker die Sauce noch verfeinern. • Wenn Sie Kräuter aus dem Garten oder vom Markt nehmen, eignen sich auch Petersilie, Sellerieblättchen, Dill, wenig Liebstöckel, Majoran, Thymian, Kerbel.

Pilzbéchamel-kartoffeln

250 g Pellkartoffeln vom Vortag · eine helle Pilzkräutersauce nach dem vorhergehenden Rezept · eventuell etwas Pilzbrühe (Rezepte Seite 33, 34) oder Sahne · Salz · 2 Eigelbe · etwas Sahne · 1 Eßl. Semmelbrösel

<u>So wird's gemacht:</u> Die Kartoffeln abziehen und in Scheiben schneiden. Die Pilzkräutersauce nach Belieben mit etwas Pilzbrühe oder Sahne »verlängern«. • Die Kartoffelscheiben mit der Sauce lagenweise in eine feuerfeste Form schichten. Die Kartoffeln eventuell leicht salzen, damit die Sauce nicht zuviel Aroma verliert. • Die Eigelbe mit etwas Sahne und 1 Prise Salz verrühren und zum Schluß darübergießen. Die Semmelbrösel obenauf-

streuen. • Das Gericht im vorgeheizten Backofen bei 200° in 20–30 Minuten hellbraun überbacken.

Ochsenschwanzsuppe ohne Ochsenschwanz

Eine Handvoll Pilze (junge Röhrlinge aller Art, Täublinge, Ritterlinge, Hallimasch, Reifpilz, Semmelbrauner Schleimkopf, Champignons, Austernseitling, Riesenträuschling, Mönchskopf, Kuhmaul, Schnecklinge) · 1 kleine Zwiebel · 1 Eßl. Schweineschmalz · 1 gestrichener Eßl. Mehl · 3 Tassen kalte Pilzbrühe (Rezepte Seite 33, 34) · $^1/_4$ Teel. Salz · 1 Prise Pfeffer · 1 Schuß Rotwein

<u>So wird's gemacht:</u> Die Pilze feinschneiden. Die Zwiebel schälen und würfeln. • In einer tiefen Pfanne oder einem Bratentopf das Schmalz erhitzen und unter ständigem Rühren das Mehl darin recht braun rösten. Nach und nach die kalte Pilzbrühe dazugießen und gut verrühren, damit keine Klümpchen entstehen. Die Pilze, die Zwiebelwürfel, das Salz und den Pfeffer dazugeben und alles 10 Minuten leise kochen lassen. • Die Hitze abschalten und der Suppe mit dem Rotwein den echten Ochsenschwanzsuppen-Geschmack geben.

Mein Tip Ich liebe es süß und gebe wie meine polnische Großmutter ein wenig starkfruchtige Marmelade (schwarze Johannisbeeren, Moosbeeren) an die Suppe – und etwas Sahne.

Feine Pilzfüllung

Eine Handvoll Pilze mit hellem Sporenstaub (Täublinge, Ritterlinge, Ziegenfußporling, Märzellerling, Schnecklinge, Krause Glucke, Austernseitling, Mönchskopf, Scheidenstreifling, Faltentintling, Schopftintling, Schafporling) · 1 Eßl. Butter · 1 gestrichener Eßl. Mehl · ¹/₂ Tasse Pilzbrühe (Rezepte Seite 33,34) · ¹/₄ Teel. Salz · 1 Prise Pfeffer · ¹/₄ Teel. Zucker · ¹/₂ Zitrone · einige Tropfen flüssige Speisewürze · 1 Eigelb · ¹/₂ Tasse Sahne

So wird's gemacht: Die Pilze blättrig oder kleinwürfelig schneiden. • Im Schmortopf die Butter erhitzen und das Mehl darin gut durchschwitzen, dann nach und nach unter Rühren die Pilzbrühe zugießen. Die kleingeschnittenen Pilze, das Salz, den Pfeffer und den Zucker dazugeben und alles etwa 10 Minuten leise kochen lassen. • Etwa 1 Teelöffel Zitronensaft und ein paar Tropfen flüssige Speisewürze zufügen. Nach kurzem Durchziehen die Hitze abschalten. Das Eigelb in der Sahne verrühren und die Sauce damit legieren.

Paßt gut als: Füllung für Pasteten. Das Pilzragout kann aber auch mit Omelette, Eierkuchen oder im Reisrand angerichtet werden.

> **Mein Tip** Ein Rest Kalbfleisch oder Hühnerbrust, kleingewürfelt, veredelt die Füllung. Kapern, gewürfelte Salzgurke und gehackte Sardellen geben ihr eine eigenwillige Note.

Kraut mit Pilzen

Eine Handvoll Pilze (junge Röhrlinge und eigentlich alle zum Kochen geeigneten Arten, siehe Seite 23; die Pilze verändern durch das Sauerkraut sowieso ihr Aroma) · 1 Zwiebel · 1 Eßl. Schweineschmalz · 250 g Sauerkraut · etwas Essig und Zucker nach Geschmack · ¹/₄ Teel. Salz · eventuell etwas Wasser oder Pilzbrühe (Rezepte Seite 33, 34)

So wird's gemacht: Die Pilze blättrig schneiden. Die Zwiebel schälen und feinwürfeln. • Das Schmalz in einem Topf erhitzen und die Zwiebelwürfel darin glasig braten. Die Pilze, das Sauerkraut, Essig und Zucker nach Geschmack, das Salz und, wenn nötig, ¹/₂ Tasse Wasser oder Pilzbrühe dazugeben. Wenn das Sauerkraut genügend Saft hat, kann die Flüssigkeit wegbleiben. Alles mischen und etwa 45 Minuten leise kochen lassen.

Das paßt dazu: geräucherte Würstchen oder Kasslerbraten, Pellkartoffeln in der Folie.

Hühnertopf

1 Hähnchen oder 2 Hühnerschenkel · 1 Handvoll Pilze (möglichst Arten mit »Biß«: Täublinge, Ritterlinge, Reifpilz, Krause Glucke, Ziegenfußporling, Champignons, Ellerlinge, Pfifferling, Trompetenpfifferling, Herbsttrompete, Hallimasch, Semmelbrauner Schleimkopf, Schafporling, Semmelstoppelpilz, ganz junge Steinpilze und Rotkappen) · 1 gestrichener Teel. Ingwerpulver oder 1 Stück eingelegte Ingwerwurzel mit etwas Sirup · et-

was Bratfett (Öl, Margarine, Butter) · $^1/_4$ Teel. Salz · 1 Prise Pfeffer · Saft von 1 großen Zitrone · 1 gestrichener Eßl. Zucker · 1 Zwiebel · 1 Tasse Wasser · eventuell $^1/_2$ Tasse Sahne

So wird's gemacht: Das Hähnchen in Portionsstücke schneiden oder die Hühnerschenkel am Gelenk trennen. Die Pilze blättrig schneiden. Wenn Sie Ingwerwurzel verwenden, diese feinhacken. • Das Bratfett im Schmortopf erhitzen. Die Hähnchenstücke darin von allen Seiten hellbraun anbraten. Mit dem Ingwer, dem Salz, dem Pfeffer, dem Zitronensaft und dem Zucker würzen. • Die Zwiebel schälen, grob zerschneiden und mit den Pilzen in den Schmortopf geben. Das Ganze mit dem Wasser auffüllen und etwa 20 Minuten leise kochen lassen, bis das Fleisch gar ist. • Wer mag, kann zum Schluß die Sauce mit Sahne verfeinern.

Das paßt dazu: körnig gekochter Reis.

Ganz schnelles Pilzhuhn

Ideal für den Fall, daß nur noch ein Kochtopf sauber ist, der »Löwe vor Hunger brüllt« und das Gericht ohne Umstände, dafür aber mit Garantie gelingen muß. Ich nehme dann meinen Schnellkochtopf und bin gerettet.

Eine Handvoll Pilze (schön wäre es, wenn es trotz Eile welche mit »Biß« wären: Täublinge, Ritterlinge, Champignons, Krause Glucke, Reifpilz, Semmelstoppelpilz, Schafporling, Hallimasch, ganz junge Röhrlinge) · 2 Zwiebeln · 1 Hähnchen oder 2 Hühnerschenkel · etwas Bratfett (Öl, Margarine, Butter) · etwas Curry · $^1/_2$ Teel. Salz · 1 Prise Pfeffer · $^1/_2$ Tasse Reis · 1 Tasse Pilzbrühe (Rezepte Seite 33, 34) oder Wasser

So wird's gemacht: Die Pilze blättrig schneiden. Die Zwiebeln schälen und grob zerschneiden. Das Hähnchen in Portionsstücke schneiden oder die Hühnerschenkel am Gelenk trennen. • Das Bratfett im Schnellkochtopf erhitzen. Die Hähnchenstücke darin von allen Seiten hellbraun anbraten. Mit Curry, etwas Salz und etwas Pfeffer bestäuben. • Die Zwiebelstücke, die Pilze, das restliche Salz und den restlichen Pfeffer zufügen. Den Reis dazwischenstreuen. Mit der Pilzbrühe oder dem Wasser auffüllen und das Ganze im verschlossenen Schnellkochtopf 10 Minuten bei zwei Ringen kochen.

Mein Tip Wenn Sie die Katastrophe rechtzeitig kommen sehen (oder sie regelmäßig zu erwarten ist), reiben Sie doch einmal die Fleischstücke mit etwas Salz, Curry und Pilzpulver von Trockenpilzen (Rezept Seite 66) ein und lassen Sie diese Gewürze ein paar Stunden einwirken.

Pilztoast

Ein Rest Mischpilze (Rezept Seite 45) vom Vortag · 1 Eßl. Butter · 2 Scheiben Toast- oder anderes Brot · 2 Käscheibletten · nach Belieben Rosenpaprikapulver

So wird's gemacht: Im Topf den Pilzrest aufwärmen. In der Pfanne die Butter erhitzen. Die Brotscheiben darin auf einer Seite hellbraun braten. • Die Hitze abschalten. Die Brotscheiben umdrehen, die heißen Pilze daraufhäufen und die Käsescheiben darüberlegen. Die Pfanne mit einem Deckel verschließen. • Nach 3 Minuten (vielleicht auch schon nach 2 Minuten) ist das Brot auch von unten angebräunt und der Käse zerlaufen. Wenn Sie noch etwas Rosenpaprikapulver daraufstreuen, sieht es hübsch aus und schmeckt noch besser.

Gefüllte Zwiebeln auf Reis

¹/₂ Tasse Reis · 1 Tasse Wasser · Salz · 2 große Zwiebeln · ein Rest Mischpilze (Rezept Seite 45) vom Vortag

So wird's gemacht: Den Reis mit dem Wasser und etwas Salz nach Vorschrift kochen. • Die

Große Zwiebeln lassen sich leichter aushöhlen und sind weniger scharf, also zum Füllen am besten geeignet.

Zwiebeln schälen und 10 Minuten in wenig Wasser dämpfen. Dann von jeder Zwiebel vorsichtig einen kleinen Deckel abschneiden und die inneren Schichten herauslösen. • Den Pilzrest im Topf gut aufkochen. Wenn er schon recht klein ist, oder Sie keine andere Verwendung für das Zwiebelinnere haben, die ausgelösten Zwiebelstücke grob hacken und unter die Pilze mischen. • Die ausgehöhlten Zwiebeln auf den fertigen Reis setzen und die Pilzmischung hineinfüllen. Bleibt ein Rest, so wird er über den Reis verteilt.

Eierkuchen mit Pilzfüllung

Ein Rest Mischpilze (Rezept Seite 45) vom Vortag · 1 Schuß Sahne · ¹/₂ Ecke Schmelzkäse oder 2 Käsescheibletten nach Wahl Für die Eierkuchen: 1 Ei · 3 gestrichene Eßl. Mehl · etwas Milch · 1 Prise Salz · Bratfett (Öl, Margarine)

So wird's gemacht: Den Pilzrest im Topf mit einem kleinen Schuß Sahne erhitzen. Den Käse darin zergehen lassen und unterrühren. • Aus dem Ei, dem Mehl, etwas Milch und dem Salz einen Eierkuchenteig rühren. • Fett in der Pfanne erhitzen und aus dem Teig 3–4 Eierkuchen backen. Jeden fertigen Eierkuchen auf den Teller oder eine Platte legen, von der Pilzmischung daraufgeben und die freie Eierkuchenhälfte darüberschlagen; warm stellen, bis alle Eierkuchen gebacken sind.

Mischpilze mit Variationen

Zwei Handvoll Pilze (hier dürfen es alle Pilz-arten sein, die zum Kochen geeignet sind, siehe Seite 23, möglichst recht viele verschiedene) · 1 Zwiebel · 1 Eßl. Bratfett (Öl, Margarine, Butter, Speckwürfel) · ¹/₂ Teel. Salz · 1 Prise Pfeffer

So wird's gemacht: Die Pilze blättrig schneiden. Die Zwiebel schälen und feinwürfeln. • Das Bratfett im Topf erhitzen, falls Speckwürfel verwendet werden, diese vorher anbraten. Die Zwiebelwürfel darin glasig braten. • Die Pilze dazugeben und unter wiederholtem Wenden bei größter Hitze durchschmoren, bis der entstehende Saft fast verdampft ist. Das sollte nicht länger als 5–6 Minuten dauern. • Mit dem Salz und dem Pfeffer würzen.

Varianten: Diese Mischpilze schmecken, so einfach die Zubereitung ist, schon köstlich. Aber vielleicht mögen Sie noch ein wenig Sahne und gehackte Petersilie daran? Und dann lassen Sie noch ein Stückchen frische Butter darin zerlaufen! • Ein andermal sollen die Pilze vielleicht so schmecken wie in Südfrankreich im Urlaub? Zerdrücken Sie 1–2 Knoblauchzehen und geben Sie diese dem Gericht bei. Wenn Sie Glück haben, finden Sie auch ein paar Knoblauchschwindlinge oder einen Saitenstieligen Knoblauchschwindling, wovon schon ein Hütchen reicht. • Wenn Sie reichlich gehackte Kräuter zu den Pilzen verwenden wollen, wählen Sie solche, die in der Nähe der Pilze, also am Waldrand wachsen. Ich finde, sie passen besonders gut dazu: Wilder Thymian, Wilder Majoran, Bärwurz, Gundermann, junge Schafgarbenblättchen, Bärenklau, Pfefferminze, Großer Wiesenknopf, Salbei, Beifuß, aber bitte nicht übertreiben, sonst leidet der Pilzgeschmack. • Und natürlich können Sie die Mischpilze auch etwas säuern mit Zitronensaft, Weißwein oder Champagner oder abrunden mit Sherry oder Burgunder; manche schwören auf Cognac. Vielleicht fällt Ihnen noch etwas ganz Neues ein?

Paßt gut zu: Reis, Kartoffelpüree oder Kroketten, zu Spätzle, Knödeln, Rösti, Nudeln oder Spaghetti, zu Omelette oder Eierkuchen, als Füllung für Pasteten oder Windbeutel, für Tomaten, Gurken oder Zwiebeln (Rezept Seite 44).

Pilzgulasch ungarisch

Eine gute Handvoll Pilze (Täublinge, Ritterlinge, junge Röhrlinge, Krause Glucke, Reifpilz, Pfifferling, Schweinsohr, Nelkenschwindling, Champignons, Semmelbrauner Schleimkopf, Semmelstoppelpilz) · 1 Zwiebel · 2 Tomaten · 1 grüne oder rote Paprikaschote · 1 kleine Salat- oder Gemüsegurke · 1 Eßl. feine Speckwürfel · ¹/₂ Teel. Salz · 1 gute Prise Pfeffer · ¹/₂ Teel. Zucker · etwas Rosenpaprikapulver nach Geschmack · 1 gestrichener Eßl. Mehl · ¹/₂ Tasse Sahne

So wird's gemacht: Die Pilze blättrig schneiden. Die Zwiebel schälen und würfeln. Die Tomaten in grobe Schnitze schneiden. Die Paprikaschote von Rippen und Kernen befreien und in feine Streifen schneiden. Die Gurke schälen und grobwürfeln. • Im Bratentopf die Speckwürfel hellbraun braten. Die Zwiebelwürfel zufügen und glasig braten. Dann die Pilze dazugeben und etwas durchschmoren. Alle Tomaten-, Paprika- und Gurkenstücke dazuschütten. Das Salz, den Pfeffer, den Zucker und nach Belieben etwas Rosenpaprikapulver unterrühren und alles 10 Minuten leise kochen lassen. • Das Mehl in der Sahne glattrühren und das Pilzgulasch zum Schluß damit binden.

Das paßt dazu: körnig gekochter Reis.

Pilzhackbraten

Ein Hackbraten lohnt sich für 2 Personen eigentlich nicht und wird eher eine Boulette. Daher gilt dieses Rezept für 4 Personen.

Zutaten für 4 Personen:
1 Tasse Milch · 1 trockenes Brötchen ·
1 Zwiebel · 2 Handvoll möglichst junge Pilze
(Champignons, Pfifferling, Steinpilze, Maro-
ne, Semmelbrauner Schleimkopf, Reifpilz,
Grünling) · 500 g gemischtes Hackfleisch ·
1 Ei · 1 gestrichener Teel. Salz · 1 gute Prise
Pfeffer · 1 Eßl. Bratfett (Öl, Margarine,
Schweineschmalz) · etwas Wasser oder Pilz-
brühe (Rezepte Seite 33, 34)
Für eine Sauce: etwas Pilzbrühe · $^1/_8$ l Sahne ·
etwas Mehl · etwas Salz und Pfeffer

So wird's gemacht: Die Milch erhitzen und das Brötchen darin einweichen. Die Zwiebel schälen und feinwürfeln. • Die Pilze sollten möglichst jung und klein sein, damit sie im ganzen verwendet werden können, weil das beim Schneiden der Fleischscheiben später so hübsch aussieht. • Das Hackfleisch mit dem

gut ausgedrückten Brötchen, den Zwiebelwürfeln, dem Ei, dem Salz und dem Pfeffer gut durchkneten. Zum Schluß die Pilze möglichst gleichmäßig einarbeiten. Die Fleischmasse zu einem länglichen Braten formen. • Im Bratentopf das Fett erhitzen. Den Braten darin kurz anbraten. Etwas Flüssigkeit (Pilzbrühe oder Wasser) zugießen und den Hackbraten zugedeckt etwa 1 Stunde und 30 Minuten garen. • Wenn Sauce erwünscht ist, den Bratensatz zum Schluß mit etwas Pilzbrühe aufkochen. Die Sahne mit etwas Mehl verquirlen und die Sauce damit binden. Mit etwas Salz und Pfeffer nachwürzen.

Das paßt dazu: Kartoffelpüree, Spätzle, Nudeln oder Reis.

Mein Tip Der geformte Braten kann nach Zufügen von etwas Flüssigkeit auch im Backofen gebraten werden; 1 Stunde mit aufgelegtem Deckel, zum Nachbräunen noch etwa 30 Minuten ohne Deckel. Auch im Römertopf oder in Alufolie gelingt dieser Hackbraten sehr gut.

Pikante Pilzrouladen

Eine Handvoll Pilze (es sollen kräftig-würzige Arten sein: Stockschwämmchen, Graublättriger Schwefelkopf, Anischampignon, Hallimasch, Pfifferling, Herbsttrompete, Schweinsohr, Nelkenschwindling, Knoblauchschwind-

ling, Bruchreizker/Maggipilz – aber davon nur ein kleiner, da in Mengen unbekömmlich –, Krause Glucke, Morcheln) · 1 Zwiebel · 30 g durchwachsener Speck · 2 große Rouladenscheiben, vom Schlachter extra dünn geschnitten · ¹/₂ Teel. Salz · 1 gute Prise Pfeffer · 1 Eßl. Senf · 1 Eßl. Bratfett · 1 Tasse Pilzbrühe (Rezepte Seite 33, 34) · 1 gestrichener Eßl. Mehl · etwas Sahne

So wird's gemacht: Die Pilze grobhacken. Die Zwiebel schälen und feinwürfeln. Den Speck in sehr feine Streifen schneiden oder würfeln. • Die Rouladen flach ausbreiten, salzen und pfeffern, dann mit dem Senf bestreichen. Die gehackten Pilze, die Zwiebelwürfel und den Speck gleichmäßig darauf verteilen. Die Rouladen aufrollen, mit Faden, Holzspießchen oder Rouladenklammern zusammenhalten. • Im Bratentopf das Fett erhitzen. Die Fleischrollen darin von allen Seiten braun anbraten. Die Hälfte der Pilzbrühe dazugießen. Wenn die Flüssigkeit verdampft ist, nach und nach mit der restlichen Brühe auffüllen. • Nach 1 Stunde schon einmal prüfen, ob das Fleisch gar ist. Je nach Alter des Rindes kann die Garzeit bis 1 Stunde und 30 Minuten betragen. • Das Mehl mit etwas Sahne verrühren, die Sauce damit binden und eventuell noch mit Salz abschmecken.

Das paßt dazu: Salzkartoffeln, Kartoffelpüree oder Reis.

Mein Tip Ich benutze zu diesem Gericht gerne den Schnellkochtopf, da verdampft nichts und es geht viel schneller (etwa 15 Minuten).

Pilzauflauf

Mischpilze, nach dem Rezept auf Seite 45 zubereitet oder ein Rest vom Vortag · nach Geschmack etwas gemahlener Kümmel · 100 g in Salzwasser gekochte Nudeln · Fett für die Form · 1 Ei · ¹/₂ Tasse saure Sahne

So wird's gemacht: Die fertigen Mischpilze nach Geschmack mit Kümmel nachwürzen, mit den gekochten Nudeln mischen und in eine gefettete Auflaufform füllen. • Das Eigelb mit der sauren Sahne verrühren. Das Eiweiß zu Schnee schlagen und unter die Eisahne heben. Die Masse auf die Pilz-Nudel-Mischung gießen und den Auflauf im vorgeheizten Backofen bei 200° in etwa 45 Minuten hellbraun backen.

Variante: Schneiden Sie etwas rohen oder gekochten Schinken in feine Streifen und mischen Sie diese unter die Pilz-Nudel-Masse.

Das paßt dazu: grüner Salat oder Chinakohl.

Geschmorte Pilze als Beilage

Um viele sich wiederholende Rezepte zu vermeiden, wie man Pilze auf Fleischspeisen anrichten kann, hier eine Möglichkeit, die fast für jedes Fleischgericht paßt.

Eine Handvoll Pilze · Bratensatz in der Brat- oder Ofenpfanne (von Kotelett, Steak oder von einem großen Braten) · etwas Salz · weitere Gewürze nach Geschmack und gewünschtem

Ergebnis (süße Sahne, saure Sahne, Tomaten-mark, Johannisbeergelee, Senf, Schmelzkäse, Kräuter, Zwiebel, Ingwer, Knoblauch) · eventuell etwas Wasser oder Pilzbrühe (Rezepte Seite 33,34), Sahne und Mehl

So wird's gemacht: Die Pilze blättrig schneiden und im heißen Bratensatz durchschmoren. Mit Salz und etwas Pfeffer abschmecken, je nachdem, wie kräftig der Bratensatz schon gewürzt ist. • Probieren und auf weitere Zutaten verzichten, wenn die Pilze direkt auf das fertige Fleisch gelegt werden sollen. • Ist eine Sauce erwünscht, etwas Flüssigkeit (Wasser oder Pilzbrühe) zugeben und mit etwas in Sahne verquirltem Mehl andicken.

Cordon Weidmannsheil

2 dicke Kalbsschnitzel zu je etwa 200 g · 1 Handvoll Pilze (recht aromatische wie Stock-schwämmchen, Graublättriger Schwefelkopf, Anischampignon, Hallimasch, Pfifferling, Herbsttrompete, Schweinsohr, Nelken-schwindling, Knoblauchschwindling, ¹/₂ Maggipilz, Krause Glucke, Morcheln) · ¹/₂ Zwiebel · 1 Eßl. Bratfett · ¹/₂ Teel. Salz · 1 gute Prise Pfeffer · 2 Scheiben roher oder gekochter Schinken

So wird's gemacht: In die Schnitzel vom Schlachter waagerecht eine Tasche schneiden lassen. Die Pilze blättrig schneiden oder grob-hacken. Die halbe Zwiebel schälen und fein-würfeln. • In der Pfanne einen Teil des Brat-fetts erhitzen. Die Zwiebelwürfel darin glasig braten. Die Pilze dazuschütten und kurz

durchschmoren. Mit etwas Salz und dem Pfeffer würzen. • Die Schnitzel innen und außen leicht mit Salz und Pfeffer einreiben. Die Pilz-masse auf die beiden Schinkenscheiben ver-teilen, diese zusammenklappen und in die Taschen der Schnitzel schieben. Die Öffnungen mit Holzspießchen zustecken. • Die Pfanne säubern und das restliche Bratfett darin erhitzen. Die gefüllten Schnitzel im heißen Fett von jeder Seite 6–7 Minuten bei mittlerer Hitze braten.

Das paßt dazu: Kartoffelkroketten.

Mein Tip Nehmen Sie statt Schinken für die Füllung auch einmal Käse-scheibletten. • Ganz junge Steinpilze oder Wiesenchampignons müssen übrigens nicht vorgeschmort werden. Sie können gleich roh gehackt verwendet werden, da sie roh nicht giftig sind, im Gegensatz zu den meisten guten Speisepilzen. Ich empfehle Ihnen, dann statt mit Zwiebeln mit Zwiebelsalz zu würzen, weil die Zwiebel möglicher-weise nicht gar wird.

Pilze zum Braten

Es gibt ausgesprochene »Bratpilze«, die überhaupt nur gebraten genießbar sind, das sind Brätling, Parasol, Blutreizker und Pfeffermilchling. Doch auch viele andere Pilze kann man braten, wenn sie trockenfleischig sind und in Scheiben aufgeschnitten werden können. Die Tabelle auf Seite 23 zeigt diese Pilze auf einen Blick.

Wenn wir etwas braten, so garen wir es in heißem Fett bei möglichst großer Hitze. Gebratene Pilze sollen braun und leicht knusprig sein.

Damit sich von Anfang an kein Saft bildet und auch das heiße Fett nicht unnötig aus der Pfanne spritzt, müssen die Pilzscheiben oder Pilzhüte – je nach Rezept – ungewaschen verwendet werden. In die Pfanne kommt genügend Bratfett. Wenn es heiß ist, fügen wir nur so viele Pilze hinzu, wie nebeneinander Platz haben. Die Hitze soll stark sein, damit die Pilze sofort braten. Tritt dennoch etwas Saft aus, wird dieser bald verdunsten und die Bräunung der Pilze eintreten.

In 10–12 Minuten müssen die Pilze fertig gebraten sein. Bei längerer Bratzeit werden sie hart.

Paniert man jedoch die Hüte vor dem Braten, darf nur mittlere Hitze eingeschaltet werden, weil sonst die Panade dunkel wird, während der Pilzhut innen roh bleibt.

Pilze, schwimmend in Fett ausgebacken, werden recht zäh und entwickeln nicht ihr Aroma. Sie sollten vor dem Fritieren immer durch einen dickflüssigen Eierkuchenteig gezogen werden. Eine besondere Überraschung soll Ihnen die Pilzfondue bereiten, die ich als meine neueste Pilz-Kreation in diesem Kapitel vorstelle.

Beim Braten werden Pilze noch schwerer verdaulich, als sie es von Natur aus schon sind. Essen Sie gebratene Pilze daher nur in kleinen Mengen und möglichst nicht am Abend.

Gebratene Blutreizker

Zwei Handvoll Blutreizker · 1 Zwiebel · Bratfett (Öl, Margarine, Speckwürfel) · $^1/_4$ Teel. Salz · 1 gute Prise Pfeffer

So wird's gemacht: Die Pilze in feine Streifen schneiden oder die Hüte ganz lassen, dann aber den Stiel dicht am Hut abschneiden. Die Zwiebel schälen, halbieren und die Hälften in dünne Scheiben schneiden. • Das Bratfett in der Pfanne recht heiß werden lassen. Die Zwiebelscheiben darin glasig braten. Die Pilze dazugeben und bei größter Hitze in wenigen Minuten braun braten, ähnlich Bratkartoffeln. Wurden die Pilze aufgeschnitten, müssen sie während des Bratens öfter durchgerührt werden; ganze Hüte umwenden, wenn die Unterseite mittelbraun ist. • Zum Schluß mit dem Salz und dem Pfeffer würzen.

Variante: Auf knusprig gebratene Reizkerhüte ein Stück Kräuterbutter mit Knoblauch setzen.

Das paßt dazu: Kartoffelpüree.

> **Mein Tip** Feine Blutreizkerstreifen – auch die abgeschnittenen Stiele – kann man wie Zwiebelringe knusprig braten und als Garnitur für entsprechende Gerichte verwenden.

Brätling aus der Pfanne

4–6 ungewaschene Brätlingshüte · ¹/₄ Teel. Salz · 1 Eßl. Bratfett (Öl oder Margarine)

So wird's gemacht: Die Stiele der Pilze dicht am Hut abschneiden. Die Hüte nicht unnötig verletzen, da sonst viel Milch austritt. Die Pilzhüte gleichmäßig mit Salz bestreuen. • In der Pfanne das Bratfett recht heiß werden lassen und die Brätlingshüte darin von beiden Seiten mittelbraun braten.

Das paßt dazu: Brot, wie es von alters her der Brauch ist.

Pfeffermilchling, scharf gebraten

Einige möglichst flache Hüte vom Pfeffer-milchling · ¹/₂ Teel. Salz · 1 Prise Pfeffer · Rosenpaprikapulver · 1 große Zwiebel · 2 Tomaten · 1 grüne oder rote Paprikascho-te · 1 Eßl. Kokosfett · 100 g durchwachsener Speck in dünnen Scheiben

So wird's gemacht: Die Pilzhüte nicht waschen, aber sauber putzen und vom Stiel befreien. Mit dem Salz, dem Pfeffer und Rosenpaprikapulver würzen. Die Zwiebel schälen und in dünne Scheiben schneiden. Die Tomaten in Schnitze schneiden. Die Paprikaschote entkernen und in feine Streifen schneiden. • In der Pfanne das Fett sehr heiß werden las-sen und die gewürzten Pilzhüte darin von bei-den Seiten braun braten. Herausnehmen und warm stellen. • Die Speckscheiben in der Pfanne knusprig braten und zu den Pilzen le-gen. • Im restlichen Fett die Zwiebelringe, die Tomatenschnitze und die Paprikastreifen zu-sammen durchschmoren und über die Pilzhü-te verteilen. Oder die Hüte und den Speck in die Pfanne zurückgeben und so auf den Tisch bringen.

Das paßt dazu: Bauernbrot und Rotwein.

Rotbrauner Milchling, ostpreußischer Art

Dieser Pilz war der meist gegessene in Ost-preußen. Auf allen Märkten wurde er gewäs-sert gehandelt und wie unten gebraten, sauer eingelegt oder siliert (siehe Seite 68).

1 gute Handvoll Rotbraune Milchlinge · 1 Zwiebel · 1 Eßl. Bratfett (Öl, Speckwür-fel) · ¹/₄ Teel. Salz · 1 Prise Pfeffer

So wird's gemacht: Die Rotbraunen Milchlin-ge brauchen einen Tag Vorbereitung, da sie eine unerträglich brennende Milch enthalten, die es zu entschärfen gilt. Die Pilze für 12 Stunden oder mehr in einen Eimer voll Wasser geben. • Das Wasser mindestens ein-mal erneuern. Die Pilze dann in wenig Wasser kurz aufkochen; das Kochwasser wegschüt-ten. Die Pilze sind jetzt von fester, appetitli-cher Beschaffenheit. • Die Pilze kleinschnei-den. Die Zwiebel schälen und feinwürfeln. • In der Pfanne das Bratfett erhitzen und die Zwiebelwürfel darin glasig braten. Dann je-

50

weils nur so viele Pilze in die Pfanne geben, daß der Boden eben bedeckt ist; sie dürfen nur nebeneinander, nicht aufeinander liegen. Bei größter Hitze unter Wenden rasch mittelbraun braten. Möchte man die Pilze ähnlich wie geröstete Zwiebeln verwenden, brät man sie einen Augenblick länger. • Die gebratenen Pilze gleichmäßig salzen und pfeffern.

Mein Tip Keine Sahne oder ähnliches zufügen, da die Pilze sonst pappig schmecken.

Gefüllte Steinpilze

Bild Seite 37

4–6 junge Steinpilzhüte · Salz · $^1/_2$ Eßl. Butter · 1 Prise Pfeffer · 1–2 Eßl. gehackte Kräuter (Petersilie, Dill, Schnittlauch) · 1 Knoblauchzehe · 100 g gekochter Schinken · $^1/_2$ Tomate

So wird's gemacht: Die Pilzhüte auf der Röhrenseite bis auf 1 cm Rand aushöhlen, leicht salzen und auf ein Backblech setzen. • Das ausgelöste Pilzfleisch hacken, mit der Butter, $^1/_4$ Teelöffel Salz, dem Pfeffer, den Kräutern und dem zerdrückten Knoblauch 5 Minuten dünsten. • Den Schinken in feine Streifen schneiden und untermischen. Die Hüte damit füllen und im vorgeheizten Backofen bei 200° etwa 10 Minuten überbacken. • Mit Tomate garnieren.

Das paßt dazu: Kräutermayonnaise und Toast.

Pilzfondue

Bild Seite 19

2 leicht gehäufte Untertassen voll Pilze, die sich in etwa kleinfingerlange Stifte schneiden lassen (Steinpilze, Rotkappe, Ziegenfußporling, Schafporling, Schwefelporling, Riesenbovist, Hasenbovist, Krause Glucke, hiervon das Strunkende, Semmelbrauner Schleimkopf, junger Parasol, Blutreizker, Champignons, Ritterlinge) · $^1/_4$ Teel. Salz · 1 gestrichener Teel. Pilzpulver (Rezept Seite 66)
Für den Teig: 1 Ei · 1 Tasse Mehl · $^1/_2$ Tasse Bier · 1 Prise Salz
Zum Ausbacken: Fritierfett

So wird's gemacht: Die Pilze trocken säubern – nicht waschen. Falls Sie bei feuchtem Wetter gesammelt haben, für die Fondue nur Pilze verwenden, die nicht mit Wasser vollgesogen sind; es gibt Arten, die selbst bei Regen trocken-fleischig bleiben. Die Pilze in möglichst gleichmäßige Stifte schneiden, 3–4 cm lang, etwa 1 cm dick. • Die Pilzstücke mit dem Salz und dem Pilzpulver bestreuen und einige Male wenden, damit sie ringsum gut gewürzt werden. Etwa 2 Stunden ruhen lassen. • Aus dem Ei, dem Mehl, dem Bier und dem Salz einen dickflüssigen Teig rühren und pro Person ein Schüsselchen voll auf den Tisch stellen. • Das Fritierfett im Fonduetopf erhitzen und auf dem Rechaud heiß halten. • Die Pilzstücke werden einzeln auf Fonduegabeln gespießt, in den Teig getaucht und dann ins heiße Fett gehalten. Wenn die Teighülle zartbraun wird, ist auch der Pilz gar. Teigtropfen mit einem Schaumlöffel sofort aus dem Fett fischen, da sie sonst verbrennen und den Geschmack beeinträchtigen.

Das paßt dazu: alles, was zur Fleischfondue gereicht wird. Besonders gut schmeckt ein Chutney aus den großen Hagebutten der angepflanzten Kartoffelrose (Rezept unten), ersatzweise Mangochutney.

Mein Tip Umwickeln Sie einmal Pilzstücke mit hauchdünn geschnittenen Scheibchen von durchwachsenem Speck und tauchen Sie sie erst dann in den Teig.

Hagebutten-chutney

1500 g vorbereitete Hagebutten (halbiert und entkernt) · 500 g Zwiebeln · 1 Tasse Wasser · 250 g Rosinen · 400 g Zucker · 5 Nelken · 1 Stück Zimtstange · 2 gestrichene Teel. Senfmehl · 1 gestrichener Teel. gemahlener Ingwer · 2 gestrichene Teel. Salz · $^1/_2$ l Weinessig

So wird's gemacht: Die Hagebutten und die geschälten Zwiebeln kleinschneiden. • Hagebutten und Zwiebeln mit den übrigen Zutaten etwa 45 Minuten leise kochen lassen, dabei ab und zu umrühren. Das Chutney ist fertig, wenn der Saft dick eingekocht ist. • Für längere Aufbewahrung sollte das Chutney eingeweckt werden.

Panierte Pilze

2 Parasolhüte oder einige flache Reizkerhüte oder Scheiben von fleischigen, aber jungen Steinpilzen · $^1/_4$ Teel. Salz · 2 gestrichene Eßl. Mehl · 2 Eigelbe · 4–5 Eßl. Semmelbrösel oder Paniermehl · 2 Eßl. Bratfett (Margarine oder noch besser Butter)

So wird's gemacht: Die Pilzhüte oder -scheiben nicht waschen, aber säubern, dann mit dem Salz bestreuen, gut bemehlen, durch die verquirlten Eigelbe ziehen und in den Semmelbröseln oder dem Paniermehl wenden, bis sie von allen Seiten gut paniert sind. • In der Pfanne das Fett erhitzen und die Pilze darin bei mittlerer Hitze von beiden Seiten goldbraun braten.

Variante: Nehmen Sie einmal statt Semmelbrösel Mandelscheibchen zum Panieren.

Das paßt dazu: alle Beilagen, die man zu Wiener Schnitzel wählen würde, aber auch Süßes wie gebackene Banane oder Preiselbeeren.

Rinderfilet chinesisch mit Shiitake

Bild Seite 37

200 g Rinderfilet · 2–3 getrocknete Shiitake-Pilze · $^1/_2$ Tasse Reis · 1 Tasse Wasser · Salz · 1 Möhre · 1 Stück Lauch (Porree) oder Chinakohl · $^1/_2$ Zwiebel · 1–2 Eßl. Öl · Sojasauce oder flüssige Speisewürze

So wird's gemacht: Das Rinderfilet nach Möglichkeit im Tiefkühlfach etwas anfrieren lassen, weil es sich dann dünner und gleichmäßiger schneiden läßt. Die Shiitake-Pilze etwa 2 Stunden in Wasser einweichen. • Den Reis mit dem Wasser und 1 Prise Salz körnig kochen. • Das Fleisch mit einem sehr scharfen Messer erst in Scheiben von etwa 1 cm Dicke, dann in Streifen von etwa 3 cm Breite und diese in recht dünne Scheibchen, etwa 3–4 mm dick, schneiden. Die Pilze in dünne Streifen schneiden. Die Möhre schaben und stifteln, den Lauch in dünne Scheiben oder den Chinakohl in Streifen schneiden. Die Zwiebel schälen und ebenfalls in dünne Scheiben schneiden. • In einer Pfanne das Öl erhitzen. Zunächst die Hälfte der Fleischscheibchen bei größter Hitze in etwa 3 Minuten unter Wenden braten, dann herausnehmen und in einer größeren Schüssel warm stellen. Das restliche Fleisch braten und ebenfalls warm stellen. • Jetzt in der Pfanne nach und nach die Pilzstreifen, Möhrenstifte, Zwiebel- und Lauchscheiben oder Kohlstreifen garen, zum Fleisch geben und jeweils mit etwas Salz bestreuen. Zum Schluß einen Spritzer Sojasauce oder Speisewürze zufügen und alle Zutaten etwas mischen. • Serviert wird in China-Schälchen: zuerst der Reis und darauf das Pilzgericht.

> **Mein Tip** Shiitake-Pilze gibt es getrocknet zu kaufen. Die Pilze müssen gut eingeweicht werden. Besser noch schmeckt der Pilz frisch geerntet, Sie müssen ihn allerdings selber züchten (siehe Seite 11).

Pilzspießchen

Ganz junge Pilze oder solche, die sich gut in größere Stücke schneiden lassen (möglichst Arten, die roh nicht giftig sind, weil beim Braten am Spieß nicht gewährleistet ist, daß das Pilzinnere genügend gegart wird: Steinpilze, Champignons, Brätling, Blutreizker) · 100 g durchwachsener Speck · 1 Zwiebel · eventuell 1 Paprikaschote und 2 Tomaten · nach Belieben auch 100 g Leber oder Nierchen · ¹/₄ Teel. Salz · 1–2 Eßl. Bratfett (Öl, Margarine, Schweineschmalz, Speckfett)

So wird's gemacht: Kleine Pilze ganz lassen, größere in mundgerechte Happen oder dicke Scheibchen schneiden. Den Speck in gleichgroße Scheibchen schneiden. Die Zwiebel schälen und vierteln. Die Paprikaschote entkernen, die Tomaten halbieren, von Saft und Kernen befreien und ebenso wie die Paprikaschote in spießgerechte Häppchen schneiden. • Alle Zutaten abwechselnd, eventuell noch durch Leber- und Nierchenstücke ergänzt, auf Spieße stecken und gleichmäßig mit dem Salz bestreuen. • Das Bratfett in der Pfanne erhitzen und die Spieße darin von allen Seiten hellbraun braten.

Das paßt dazu: kräftiges Bauernbrot und Bier.

Pilze im raffinierten Teigversteck

Pilze eingeweckt, ▷
Rezept Seite 67,
beiliegend
Grünling, Seite 16

Pilze bieten sich für die Verarbeitung in oder mit Teig geradezu an, denn ihr pikanter Geschmack bleibt auch im »Versteck« intensiv und unübertrefflich, selbst wenn die Menge nicht so groß ist.

Sie können nach den Rezept-Ideen dieses Kapitels Familie und Gäste also auch dann mit einem Pilzgericht verwöhnen, wenn Ihre Pilzausbeute kleiner als erwartet ausgefallen ist. Versuchen Sie einmal die unübertreffliche Herrentorte nach Art einer Quiche Lorraine oder einen Pilzpudding, gefüllte Teigtaschen, Pilzpuffer . . . Alles wird problemlos gelingen und nach dem ersten Versuch sicher öfter auf Ihrem Speisezettel erscheinen. Besonders geeignet für die Zubereitung mit Teig sind Täublinge, Ritterlinge, Hallimasch, Perlpilz, Zigeuner (Reifpilz), Pfifferlinge, Krause Glucke und Schweinsohr, also trockene Pilze, die möglichst nicht schleimig werden.

Doch auch ein fertiges Pilzmischgericht oder ein Rest davon läßt sich mit Teig ergänzen und so in eine komplette schmackhafte Mahlzeit verwandeln.

Pilzpudding

1 Tasse Milch · 2 trockene Brötchen · 1 Eßl. Butter · 4 Eier · 1/4 Teel. Salz · 1/2 Teel. gemahlener Kümmel · 2 Tassen Pilze, nach dem Rezept Mischpilze auf Seite 45 zubereitet

So wird's gemacht: Die Milch erhitzen und die grob zerschnittenen Brötchen darin einweichen. • Die Butter schaumig rühren. Die Eigelbe, das Salz und den Kümmel sowie die ausgedrückten Brötchen dazugeben und alles gut mischen. Die abgekühlten Pilze zufügen und unterheben. Zum Schluß das Eiweiß zu steifem Schnee schlagen und unter die Puddingmasse ziehen. • Die Mischung in eine gefettete Puddingform (Metallform mit Deckel) füllen, verschließen und den Pudding im Wasserbad 1 Stunde kochen lassen. • Den fertigen Pudding aus der Form stürzen und warm servieren.

Das paßt dazu: Kräutersauce oder ausgebratener Speck und gebräunte Zwiebeln.

Pilzpizza

*Für den Teig: 200 g Mehl · 10 g Hefe · etwas lauwarmes Wasser · 1 Prise Salz · 1 Eßl. Öl
Für den Belag: 1 Handvoll Champignons oder Steinpilze oder andere bißfeste Pilze (Pfifferling, Krause Glucke, Reifpilz, Täublinge, Ritterlinge, ganz junge Röhrlinge, noch geschlossener Parasol, Ziegenfußporling) · Öl ·
1 Zwiebel · 2 Tomaten · 60 g durchwachsener Speck oder Salami · 100 g geeigneter Käse (Käsescheibletten) · 2 Eßl. Tomatenketchup ·
1 gute Prise Salz · 1 Prise Pfeffer · 1 Zweig Wilder Majoran (oder »zahmer« Majoran aus dem Garten)*

So wird's gemacht: Das Mehl in eine Rührschüssel geben, in die Mitte eine Mulde drücken. Die Hefe in etwas lauwarmem Wasser auflösen, in die Mulde gießen und mit wenig Mehl vom Rand mischen. 15 Minuten gehen lassen. • Den Hefevorteig mit dem Mehl, dem Salz und dem Öl zu einem geschmeidigen Teig kneten und zwei gefettete Pizzaplatten oder das Backblech (zur Hälfte) damit belegen. Wieder 15 Minuten gehen lassen. • Inzwischen die Pilze blättrig schneiden. Champignons und Steinpilze können roh verarbei-

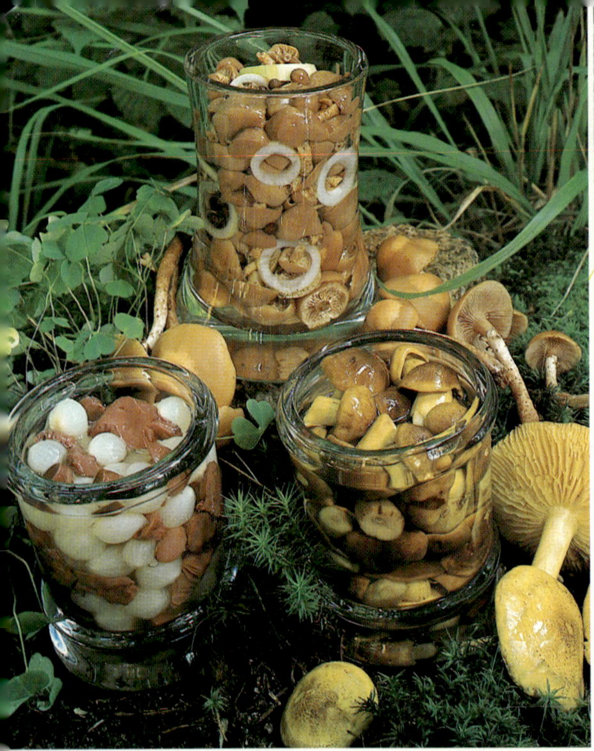
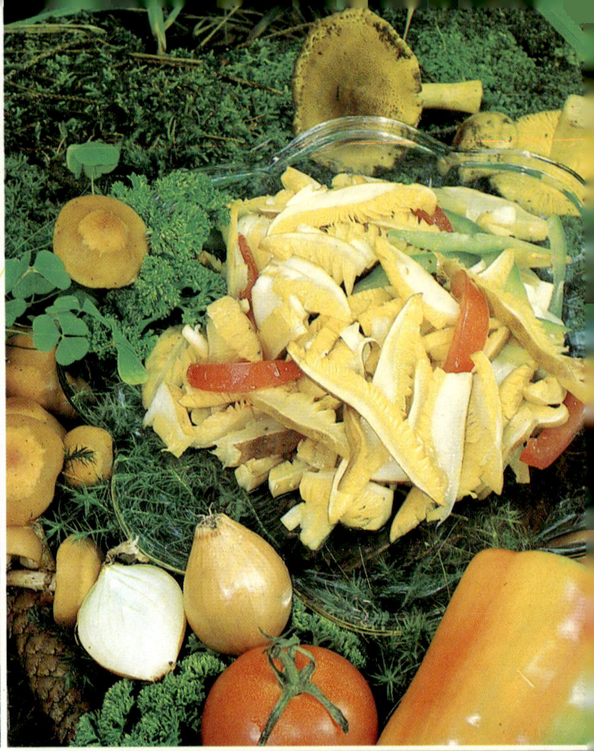
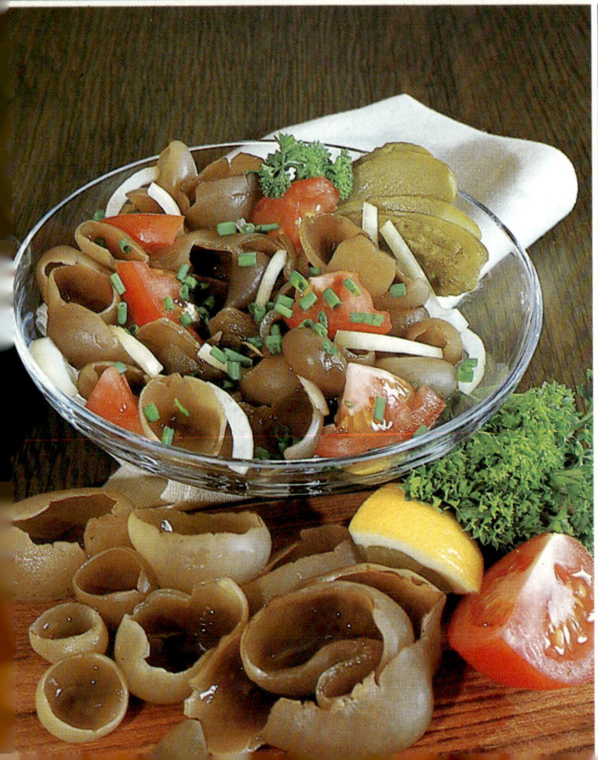
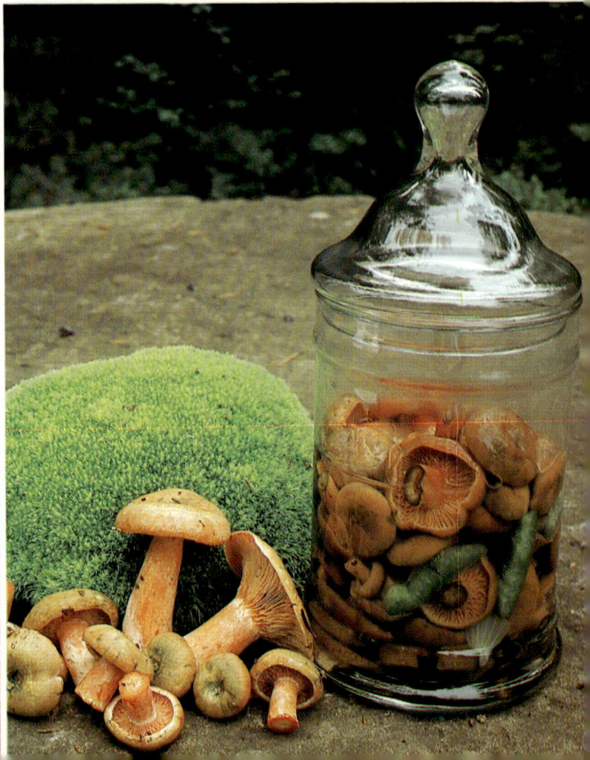

◁ l. o. Salat Rot-Weiß, Rezept S. 61, mit Stockschwämmchen und Grünling; r. o. Salat aus gekochten Pilzen, Rezept S. 62; l. u. Gallertpilzsalat, Rezept S. 63, mit Blasigem Becherling, S. 22; r. u. Pilz-Pickles, Rezept S. 66, mit Blutreizker

tet werden. Werden andere Arten verwendet, diese in wenig Öl in der Pfanne durchbraten. • Die Zwiebel schälen, halbieren und die Hälften in dünne Scheiben schneiden. Die Tomaten in Schnitze, den Speck oder die Wurst sowie den Käse in feine Streifen schneiden. • Auf den gegangenen Teig das Tomatenketchup streichen. Die Pilze, die Zwiebeln, die Tomaten, den Speck oder die Wurst und den Käse gleichmäßig darauf verteilen. Mit dem Salz und dem Pfeffer würzen und ein wenig Öl darüberträufeln. Den Majoran feinhacken und zum Schluß aufstreuen. • Die Pizza im vorgeheizten Backofen bei mittlerer Hitze in etwa 20 Minuten mittelbraun backen. Warm servieren.

Ravioli mit Pilzfüllung

Für den Teig: 200 Mehl · 10 g Hefe · 1 Prise Salz · 1 Eßl. Öl
Für die Füllung: 1 Handvoll Pilze (hier können es fast alle Arten sein, da sie sehr fein gehackt werden) · 1 Zwiebel · 1 Stich Butter · 1/4 Teel. Salz · 1 Prise Pfeffer · 1 Teel. gehackte frische Kräuter (Petersilie, Dill, Wilder Majoran, 1 Blättchen Gundermann, etwas Selleriegrün)
Zum Bestreichen: 1 Eigelb
Zum Garen: Salzwasser

So wird's gemacht: Aus den Zutaten wie im vorangegangen Rezept einen Hefeteig bereiten und gehen lassen. • Die Pilze sehr fein hacken oder in der Küchenmaschine zerkleinern. Die Zwiebel schälen und ebenfalls sehr fein hacken. • In der Pfanne die Butter erhitzen. Die Pilze, die Zwiebel, das Salz, den Pfeffer und die Kräuter darin schmoren, bis

aller Saft verdampft ist. Auskühlen lassen. • Den Teig sehr dünn ausrollen und in Vierecke von 5–6 cm Größe schneiden. Auf jedes Teigstück in eine Ecke 1 Teelöffel voll Pilzmasse setzen. Die Teigränder mit Eigelb bestreichen und die Vierecke zu Dreiecken zusammen

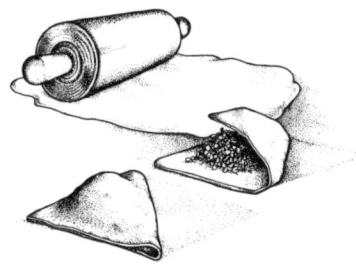

Die Ränder der Ravioli müssen gut angedrückt werden, damit die Pilzfüllung beim Garen nicht herausläuft.

klappen. Die Ränder gut zusammendrücken. Etwas ruhen lassen. • Reichlich Salzwasser zum Kochen bringen und die Ravioli darin etwa 10 Minuten ziehen lassen. Mit dem Schaumlöffel herausheben und auf einer Platte anrichten.

Das paßt dazu: flüssige Butter zum Beträufeln, grüner Salat oder Chinakohl.

> **Mein Tip** Sie können auch in der Pfanne Semmelbrösel mit Butter bräunen und die Ravioli darin abschmelzen (schwenken). • Versuchen Sie auch einmal Ravioli in einer klaren Pilzsuppe (Rezept Seite 33).

Pilztorte

Bild Seite 20

*Für den Tortenboden: Hefeteig aus 400 g
Mehl, 20 g Hefe, ¹/₄ Teel. Salz und 2 Eßl. Öl,
nach dem Rezept auf Seite 54, oder entspre-
chend Mürbteig ohne Zucker
Für die Füllung: etwa 2 kg trockene, bißfeste
Pilze (Täublinge, Ritterlinge, Champignons,
Reifpilz, Krause Glucke, Schweinsohr, Halli-
masch, Ziegenfußporling, Graublättriger
Schwefelkopf, Pfifferlinge, wenige Blutreizker
und Semmelstoppelpilze) · 2 Zwiebeln ·
125 g durchwachsener Speck · 1 Eßl. Öl ·
Salz · 1 gute Prise Pfeffer · 1 gestrichener
Teel. gemahlener Kümmel · 2 Tassen saure
Sahne · 2 gestrichene Eßl. Mehl · 3 Eier
Für den Guß: 1 Tasse saure Sahne · 1 Ei ·
1 gestrichener Eßl. Speisestärke · etwas gerie-
bene Muskatnuß · 1 Prise Salz*

So wird's gemacht: Mit dem gegangenen
Hefeteig oder einem ungezuckerten Mürbteig
Ihrer Wahl eine gefettete Springform ausle-
gen und den Rand hochziehen. Den Hefeteig
in der Form noch etwas gehen lassen. • Die
möglichst ungewaschenen Pilze feinblättrig
schneiden. Die Zwiebeln schälen und feinwürfeln. Den Speck ebenfalls würfeln. • In
einer großen Pfanne das Öl erhitzen und die
Speckwürfel darin hellbraun anbraten. Die
Zwiebelwürfel zufügen und glasig braten. Die
Pilze dazugeben und bei größter Hitze schnell
den entstehenden Saft verdampfen lassen.
Wenn die Pilze nicht richtig trockengeschmort
werden, stimmt das Rezept bezüglich der
Flüssigkeit nicht mehr und der Teig kann
nicht garbacken. Die Mischung mit 1 gestrichenen Teelöffel Salz, dem Pfeffer und dem
Kümmel kräftig abschmecken und auskühlen

lassen. • Die saure Sahne mit dem Mehl, den
Eiern und etwas Salz gut verrühren und unter
die Pilzmasse heben. Alles auf den Teig in die
Tortenform füllen, die recht hoch voll sein
darf, denn der Kuchen geht nicht mehr auf. •
Den Backofen auf 175–200° vorheizen und
die Torte zunächst 45 Minuten backen. • Für
den Guß die saure Sahne mit dem Ei, der
Speisestärke, der Muskatnuß und dem Salz
verrühren. Nach 45 Minuten Backzeit den
Guß auf die Pilzfüllung gießen und die Torte
weiterbacken, bis der Guß braun und die Torte gar ist. Mit einem Holzstäbchen prüfen, ob
kein Teig mehr daran kleben bleibt, sonst notfalls mit Alufolie abdecken und weiterbacken.
Die Backzeit kann insgesamt bis zu 1 Stunde
und 30 Minuten betragen. Warm servieren.

Das paßt dazu: neuer Wein.

Feiner Auflauf

*1 Tasse Milch · 2 trockene Brötchen oder die
entsprechende Menge Weißbrot · 1 Zwiebel ·
2 Handvoll Pilze (möglichst trockene, damit
der Auflauf später nicht klebt: Täublinge, Ritterlinge, Champignons, Reifpilz, Krause Gluk-
ke, Pfifferlinge, Perlpilz, Scheidenstreifling,
Schweinsohr) · 1 Eßl. Butter · 1 Teel. gehackte Petersilie · ¹/₄ Teel. Salz · 1 gute Prise
Pfeffer · nach Geschmack gemahlener Kümmel · ¹/₂ Tasse saure Sahne · 1 Ei
Für den Guß: ¹/₂ Tasse saure Sahne · 1 Ei ·
1 gestrichener Teel. Speisestärke · 1 Prise Salz*

So wird's gemacht: Die Milch erhitzen und
die grob zerschnittenen Brötchen darin einweichen. Die Zwiebel schälen und feinwürfeln. Die Pilze feinblättrig schneiden. • In der

Pfanne die Butter erwärmen. Die Pilze, die Zwiebelwürfel und die Petersilie kurz darin durchschmoren. Mit dem Salz, dem Pfeffer und nach Belieben mit Kümmel würzen; etwas auskühlen lassen. • In einer Schüssel die Pilzmasse mit den gut ausgedrückten Brötchen gut mischen. Die saure Sahne mit dem Ei verquirlen und locker unterheben. • Die Masse in eine gefettete feuerfeste Form füllen und im vorgeheizten Backofen bei etwa 200° zunächst 30 Minuten backen. • Dann für den Guß die Sahne mit dem Ei, der Speisestärke und dem Salz gut verrühren und über den Auflauf gießen. Weiterbacken, bis die Oberfläche mittelbraun ist (noch etwa 15 Minuten).

Variante: Käseliebhaber werden gewiß auf die Idee kommen, einmal in den Guß noch geriebenen Käse zu mischen.

Das paßt dazu: trockener Weißwein.

Pilzpfannkuchen

Für den Teig: 1 Ei · 3 gestrichene Eßl. Mehl · 1/2 Tasse Wasser oder Milch · 1 Prise Salz
Für die Füllung: 1 Handvoll Pilze (Champignons, Pfifferlinge, Täublinge, Ritterlinge, ganz junge Röhrlinge, Reifpilz, Semmelstoppelpilz, Schweinsohr) · 60 g durchwachsener Speck · 1 Zwiebel · 1 Eßl. Bratfett (Öl, Margarine, Schweineschmalz) · 1 Prise Salz

So wird's gemacht: Aus dem Ei, dem Mehl, dem Wasser oder der Milch und dem Salz einen Eierkuchenteig rühren. • Die Pilze blättrig schneiden. Den Speck in feine Scheiben oder Streifen schneiden. Die Zwiebel schälen

und feinwürfeln. • In der Pfanne 1/2 Eßlöffel Bratfett erhitzen. Die Hälfte der Speckscheiben oder -streifen darin knusprig braun braten. Die Häfte der Zwiebelwürfel zufügen und glasig braten. Dann die Hälfte der Pilze zugeben. Der Pfannenboden soll nicht ganz bedeckt sein, damit der Teig noch dazwischenlaufen kann. • Wenn die Pilze einmal gut erhitzt sind, die Mischung salzen und die Hälfte des Eierkuchenteigs darüber verteilen. Bei mittlerer Hitze anbräunen, dann umwenden und auch die andere Seite des Pfannkuchens hellbraun backen. Den zweiten Pfannkuchen ebenso zubereiten.

Das paßt dazu: Tomatenketchup (wenn's schnell gehen soll) oder eine Kräutersahnesauce und grüner Salat.

Kartoffelpuffer mit Pilzen

Bild 4. Umschlagseite

Eine Handvoll Pilze, nach dem Rezept Mischpilze auf Seite 45 vorbereitet, oder die gleiche Menge Champignons oder Steinpilze, die auch roh verarbeitet werden können · 3–4 Kartoffeln oder 2 Portionen Kartoffelpuffer-Fertigprodukt aus dem Päckchen · 1 Zwiebel · 1 Ei · 1 gestrichener Eßl. Mehl · 1/4 Teel. Salz · 2 Eßl. Bratfett · 60 g durchwachsener Speck in dünnen Scheiben

So wird's gemacht: Die Pilze wie im Rezept »Mischpilze« vorbereiten und schmoren, Champignons oder Steinpilze nur feinschneiden oder hacken. • Die Kartoffeln schälen und reiben, etwas vom Saft auspressen und abgießen. Oder das Fertigpulver nach Vorschrift anrühren. Die Zwiebel schälen und zum Kartoffelteig reiben. Das Ei, das Mehl und das Salz dazurühren. Dann die Pilze unterheben. • In der Pfanne etwas Bratfett erhitzen und 2–3 Speckscheiben darin knusprig braun braten. Je nachdem, wie dick Sie die Kartoffelpuffer mögen, mit einem Löffel Kartoffelteig auf die Speckscheiben füllen, verteilen und von beiden Seiten hellbraun braten, wiederholen, bis Speck und Teig verbraucht sind. Wem das einzelne Ausbraten der Speckscheiben zuviel Arbeit macht, der kann diese auch zum Schluß zusammen braten und gebräunt auf den Kartoffelpuffern anrichten.

Pilzknödel

Diese Pilzknödel können Sie auf verschiedenste Art servieren, als Einlage in einer Fleisch- oder Pilzbrühe, als Beigabe zu einem Fleischgericht oder nur mit einer kräftigen Sauce – immer wieder schmeckt es anders.

1 Tasse Milch · 1–2 trockene Brötchen · 1 Ei · Salz · 1 Eßl. gehackte Petersilie · 1–2 Eßl. Semmelbrösel · 50 g durchwachsener Speck · einige zum Braten geeignete Pilze (Parasol, Blutreizker, Schweinsohr, Ziegenfußporling, Täublinge, Schwarzfaseriger Ritterling, Grünling, Krause Glucke, Pfifferlinge) · Bratfett · 1 l Wasser

So wird's gemacht: Die Milch erhitzen und die grob zerschnittenen Brötchen darin einweichen. • Die geweichten Brötchen gut ausdrücken und mit dem Ei, 1 guten Prise Salz und der Petersilie gründlich mischen. So viel Semmelbrösel dazugeben, daß lockere, aber zusammenhaltende Knödel daraus geformt werden können. • Den Speck feinwürfeln. Die Pilze feinblättrig schneiden. Sie dürfen nicht gewaschen werden und kein Wasser enthalten, sonst bilden sie zuviel Saft beim Braten. • In der Pfanne etwas Fett erhitzen und darin die Speckwürfel hellbraun braten. Die Pilze zufügen und ebenfalls rasch bei großer Hitze kross braten. • Aus der Brötchenmasse mit angefeuchteten Händen zwei Knödel formen, in jeden eine Höhlung drücken und jeweils die Hälfte der Pilze einfüllen. Die Öffnung wieder gut zudrücken. Nach Belieben können Sie auch die Pilze unter die Knödelmasse mischen und dann erst die beiden Portionsknödel formen. • Das Wasser mit $1/4$ Teelöffel Salz zum Kochen bringen. Die Knödel einlegen und bei milder Hitze etwa 20 Minuten garziehen lassen.

Besonders delikat – Pilzsalat

Kenner wissen es längst, aus Pilzen kann man auch vorzügliche Salate zubereiten. Allerdings sind viele unserer guten Speisepilze roh giftig, das heißt, sie müssen erhitzt werden, damit wir sie unbesorgt genießen können. Mit Ausnahme junger Steinpilze und Wiesenchampignons müssen alle Arten vor der Zubereitung als Salat erhitzt werden.

Auch für Salat werden die Pilze fein aufgeschnitten, in wenig Wasser einmal aufgekocht, abgetropft und dann mit der gewünschten Marinade oder anderen Zutaten je nach Rezept gemischt. Pilzsalat muß im Kühlschrank etwa 2 Stunden durchziehen. Das Kochwasser, das für den Salat nicht gebraucht wird, kann im Kühlschrank 1–2 Tage aufgehoben und für ein anderes Gericht verwendet werden.

Außer den wenigen reinen Bratpilzen (Brätling, Parasol, Pfeffermilchling) eignen sich für Salat alle Pilze, die in ansehnliche Streifen geschnitten werden können und nicht zu krümelig sind. Auf Täublinge wird man also verzichten. Die Tabelle auf Seite 23 gibt eine gute Übersicht über die Salatpilze.

Durch einen Würzsud oder säuerliche Salatsaucen verliert auch der Blutreizker seine Bitterkeit, so daß er sich für Salate besonders gut eignet. Saure Pilzsalate halten sich im Kühlschrank 4–5 Tage und können so lange unbekümmert gegessen werden.

Doch nicht nur als Salat können Sie Pilze kalt servieren. Probieren Sie auch einmal eine Pilzsülze, die nicht nur gut schmeckt, sondern außerdem auch sehr dekorativ aussieht (Bild Seite 37).

Salat aus rohen Pilzen

Eine Handvoll Champignons (Wiesenchampignon, Anischampignon) oder Steinpilze · 1 kleine Zwiebel · 1 gute Prise Salz · 1 Prise Pfeffer · 1 gute Prise Zucker · 1 Eßl. Essig · 1 Eßl. Öl · 1 Teel. gehackte Petersilie

So wird's gemacht: Die Pilze feinblättrig schneiden. Die Zwiebel schälen und feinwürfeln. Die Pilze mit den Zwiebelwürfeln, dem Salz, dem Pfeffer, dem Zucker, dem Essig, dem Öl und der Petersilie gut mischen und im Kühlschrank 2 Stunden durchziehen lassen.

Mein Tip Wenn Sie nur eine sehr kleine Handvoll Pilze gefunden haben, ergänzen Sie den Salat einfach durch ein paar schmackhafte Farbtupfer wie Tomate, rote oder grüne Paprikaschote, Delikateßgurke, Perlzwiebeln, Radieschen, Zucchini, rote Bete, Karotten.

Salat Rot-Weiß
Bild Seite 56

1 kleines Glas Perlzwiebeln · die gleiche Menge Kuhröhrling oder Kupferroter Gelbfuß · $^1/_2$ Lorbeerblatt · 1 Prise Salz · 1 Eßl. Würzessig

So wird's gemacht: Die Perlzwiebeln abtropfen lassen. Die Pilze in kleine Happen schneiden, ganz junge ganz lassen. • Die Pilze in wenig Wasser mit dem Lorbeerblatt einmal aufkochen lassen. Sie färben dann um in Weinrot-Lila. • Die abgekühlten Pilze mit den Zwiebeln, dem Salz und dem Essig mischen und den Salat mindestens 2 Stunden im Kühlschrank durchziehen lassen.

Marinaden für Pilzsalate

Außer der klassischen Essig-Öl-Marinade können folgende Saucen für einen Pilzsalat verwendet werden; sie eignen sich für Salate aus rohen oder gekochten Pilzen gleich gut:
Sahne / Mayonnaise / Gürkchen / Apfel
Sahne / Mayonnaise / Senf / Curry
Sahne / Mayonnaise / gehackte Kräuter / Tomate / Paprikaschote / Zwiebel
Tomatenketchup / Johannisbeergelee / Ingwer / Nelkenpfeffer (Piment).

Salat aus gekochten Pilzen
Bild Seite 56

Eine Handvoll Pilze (geeignet sind alle Pilze, ausgenommen die Bratpilze, siehe Seite 23; von Röhrlingen nur ganz junge, alte werden leicht schleimig) · 1 kleine Zwiebel · einige Tomatenschnitze · einige Paprikastreifen · ¹/₄ Teel. Salz · 1 Eßl. Essig · 1 Eßl. Öl · Zucker

So wird's gemacht: Die Pilze in feine Streifen oder blättrig schneiden, in wenig Wasser einmal aufkochen, dann abtropfen lassen. • Die Zwiebel schälen, halbieren und die Hälften in feine Scheiben schneiden. • Die Pilze mit den Zwiebelringen, den Tomaten- und Paprikastückchen, dem Salz, dem Essig, dem Öl und einer Spur Zucker gut vermengen. Den Salat im Kühlschrank 2 Stunden durchziehen lassen.

Mein Tip Wenn es – meist schon im Frühjahr – reichlich vom Blasigen Becherling gibt, versuchen Sie doch einen Becherlingssalat nach dem gleichen Rezept (Bild Seite 56).

Pilze nach Matjesart

Einige Pilze, die sich ähnlich wie Heringsfilet schneiden lassen (Rotkappe, Birkenpilz, Steinpilz, Ziegenfußporling, Schweinsohr, Violetter Ritterling, Lilastieliger Ritterling, Veilchenritterling, Frühlingsweichritterling, Mairitterling) · 1 Tasse Wasser · ¹/₄ Teel. Salz · ¹/₂ Zwiebel · ¹/₂ säuerlicher Apfel · ¹/₂ Tasse saure Sahne oder die gleiche Menge süße Sahne mit einigen Tropfen Zitronensaft · etwas Mayonnaise nach Geschmack · einige Scheiben Delikateßgurke · ¹/₂ Lorbeerblatt

So wird's gemacht: Die Pilze in etwa 4–5 mm dicke Scheiben schneiden. • Das Wasser mit dem Salz zum Kochen bringen. Die Pilzscheiben zufügen und einmal aufkochen lassen. Die Pilze im Salzwasser abkühlen lassen. • Die halbe Zwiebel schälen und in dünne Scheiben schneiden. Die Apfelhälfte schälen, entkernen, achteln und die Stücke in feine Scheibchen schneiden. • Aus der Sahne und

Mayonnaise eine Sauce rühren. Die Zwiebel-, Apfel- und Gurkenscheiben sowie das halbe Lorbeerblatt untermischen. Die Pilze aus dem Salzwasser heben, abtropfen lassen und in die Marinade legen. Mindestens 1 Tag im Kühlschrank durchziehen lassen.

Das paßt dazu: Dampf- oder Pellkartoffeln.

Pilzsülze

Bild Seite 37

Eine Handvoll ganz junge Pilze (Grünling, Champignons, Weißer Rasling, Violetter Ritterling, Geselliger Rasling, Kuhröhrling, Kupferroter Gelbfuß, Lila Lacktrichterling, Rötlicher Lacktrichterling, Goldzahnschneckling) · Essig · Salz · Zucker · knapp $^1/_2$ l Wasser · 1 Beutel weiße Gelatine · einige ganz kleine Delikateßgürkchen · einige Perlzwiebeln

So wird's gemacht: Die Pilze sollten möglichst klein sein und unzerschnitten verwendet werden, da die Sülze dann hübscher aussieht. • $^1/_2$ Tasse Essig mit $^1/_4$ Teelöffel Salz und 1 guten Prise Zucker erhitzen und die Pilze einmal darin aufkochen; im Sud auskühlen lassen. • Das Wasser mit 1 Eßlöffel Essig, 1 guten Prise Salz und 1 gestrichenen Teelöffel Zucker mischen und die Gelatine nach Vorschrift damit aufkochen und andicken lassen. • Eine Sülzenform (Schüssel) gut mit kaltem Wasser ausspülen. Die Pilze abtropfen lassen. Kurz vor dem Erstarren etwas Gelatinemasse als Sockel in die Form gießen, dann schichtweise die mit den Gürkchen und Perlzwiebeln gemischten bunten Pilze und die Sülzmasse einfüllen. Die Sülze im Kühl-

schrank einige Stunden fest werden lassen. • Die Form kurz in heißes Wasser halten, dann läßt sich die Sülze leicht auf eine Servierplatte oder einen Teller stürzen.

Gallertpilzsalat

Bild Seite 56

Eine Handvoll Gallertpilze (Gallertstacheling, Rötlicher Gallerttrichter, Judasohr, Becherling) · 1 Zitrone · 1 gestrichener Eßl. Zucker · einige Kompottkirschen oder Ananasstückchen aus der Dose mit etwas Saft · frische Weintrauben · in Rum eingeweichte Rosinen · leicht gezuckerte rote Johannisbeeren · wilde Himbeeren · Brombeeren

So wird's gemacht: Obwohl die beiden ersten Pilzarten auch roh gegessen werden können, empfehle ich doch, alle einmal kurz in wenig Wasser aufzukochen. Die Pilze dann abtropfen und in kleine Happen schneiden. • Die Pilzstückchen in einer Schüssel mit dem Saft der Zitrone beträufeln. Den Zucker und die Früchte nach Wahl zufügen und den Salat gut durchmischen. 5–6 Stunden im Kühlschrank durchziehen lassen.

Das paßt dazu: kleine Makrönchen, Baisergebäck, geröstete Mandelscheibchen, Schlagsahne. Da der Salat kaum Kalorien enthält, darf bei den Beigaben kräftig zugelangt werden.

Variante: Mit den oben genannten Pilzarten kann nach dem Rezept »Salat aus gekochten Pilzen« auf Seite 62 ein ähnliches Ergebnis wie Ochsenmaulsalat erzielt werden.

Pilzsammlers haltbarer Vorrat

Wenn Sie ein bißchen erschöpft aber glücklich mit Ihrer großen Pilzausbeute nach Hause kommen, stehen Sie nach dem begeisterten Sammeln nun vor der nächsten großen Aufgabe: der Haltbarmachung.

Es wird zunächst gesichtet, was an Pilzen vorrätig ist, überlegt und geplant, was man später aus eingefrorenen oder eingeweckten Pilzen machen möchte, wieviel Pilze man als Würze trocknen sollte, ob dekorative Arten für interessante Einlagen, beispielsweise für ein chinesisches Gericht, dabei sind. Und so wird nun gründlich sortiert:

Die jungen Röhrenpilze, die schon im Wald sauber geputzt worden sind und nun nicht mehr gewaschen werden, kommen zum Trocknen auf ein Häufchen. Edelpilze mit feinem Aroma, darunter ein paar Pfifferlinge, werden für ein Mischgericht beiseitegelegt und später eingefroren. Massenpilze und solche mit weniger Eigengeschmack (zum Beispiel Violetter Ritterling, Lilastieliger Ritterling, Geselliger Rasling, Grünling) können als Salatpilze eingefroren oder eingeweckt werden. Und ganz junge Exemplare vom Grünling, Violetten Ritterling, Zigeuner, Weißen Rasling, Mairitterling, Veilchenritterling, Lilastieligen Ritterling, Erdritterling, Blutreizker und Hallimasch dienen als Grundlage für einen Pilz-Pickles-Topf (Rezept Seite 66), dazu als Farbtupfer ein paar Violette Lacktrichterlinge, Kupferroter Gelbfuß und Kuhröhrling, die nach dem Abkochen weinrot umfärben, und nach Möglichkeit ein paar leuchtend rote und gelbe Saftlinge. Bei dieser Konservierungsmethode (dem Sauer-Einlegen) kann man Pilze später noch nachlegen, so daß Arten der verschiedensten Erscheinungszeiten kombiniert werden können.

Sind dann noch reichlich Pfifferlinge, Trompetenpfifferlinge und Herbsttrompeten übrig, gibt es einige Gläser eingeweckte Pilze, weil Sie diese Arten als Einzelgericht nicht einfrieren können; sie werden dabei zäh und Pfifferlinge darüber hinaus noch bitter.

Fast ungenießbare Pilze – also solche, die wegen ihrer scharfen Milch auf keine andere Weise zubereitet werden können – eignen sich dann letzten Endes noch zum Silieren. Das war in Ostpreußen die gebräuchlichste Art der Pilzkonservierung, man hatte so von der Pilzsaison bis zum nächsten Frühsommer Vorrat. Beim Silieren bekommen die Pilze durch die Milchsäuregärung ein säuerliches Aroma und verlieren ihre Schärfe.

Pilzextrakt als flüssige Würze läßt sich dann aus dem ganzen Rest herstellen, der fürs Trocknen zu feucht, für den Pilztopf nicht klein genug, für das Mischgericht nicht edel genug war. Auch zähe Stiele der bereits verarbeiteten Pilze können Sie hier noch verwenden, da aus allem durch Auskochen nur der aromatische Sud gewonnen wird.

Pilze tiefgefroren

Das ist die einfachste und beste Art der Pilzkonservierung. Es geht kein Aroma verloren. Eine Mischung vieler Pilzarten schmeckt am besten.

Möglichst gemischte Pilze (fast alle Arten, außer den ausgesprochenen Bratpilzen, siehe Seite 23, wenig Semmelstoppelpilz und Blutreizker, keine Einzelgerichte von Pfifferling und Trompetenpfifferling) · etwas Öl · Salz

So wird's gemacht: Die Pilze blättrig schneiden. • In der Pfanne etwas Öl erhitzen und die Pilze unter Wenden darin schmoren, bis der

Saft fast verdampft ist; das soll bei größter Hitze in 5–6 Minuten geschehen sein. Mit wenig Salz würzen und auskühlen lassen. • Die Pilze portionsweise verpacken, beschriften und einfrieren.

Mein Tip Tiefgefrorene Pilze halten sich ein Jahr und länger im Gefriergerät. Sie können zu jedem Gericht verarbeitet werden. Sollen sie als Schmorgericht, zu Suppen oder als Beilage zu Fleisch verwendet werden, ist vorheriges Auftauen überflüssig.

Getrocknete Pilze

Zum Trocknen eignen sich nun endlich einmal die vielen Röhrlingsarten, die die Pilzsammler lieben, weil es darunter keinen gefährlichen Giftpilz gibt. Doch auch viele andere Pilzarten lassen sich gut trocknen, ganz besonders die Krause Glucke und Morcheln, die nach dem Einweichen wie frisch schmecken.

Die Luft ist das Wichtigste beim Trocknen, die Wärme ist zweitrangig, daher nicht im Backofen trocknen, sondern ausgelegt in einem trockenen, möglichst auch warmen Raum. Wer kein Drahtgestell für größere Mengen besitzt, kann gut einen Bogen Packpapier oder ein Stück Tapete benutzen. Ich kaufe mir zu Beginn der Pilzsaison 1–2 m Vliseline, wie sie für die Hausschneiderei gebraucht wird. Dieser Stoff kann am Ende der Saison sogar noch gewaschen werden und steht im nächsten Jahr wieder zur Verfügung.

Alle eßbaren Röhrlinge, auch Täublinge, Ritterlinge, Reifpilz, Schweinsohr, Parasol, Habichtspilz, Trichterlinge, Maggipilz, Nelkenschwindling, Graublättriger Schwefelkopf, Stockschwämmchen, Shiitake, Kuhmaul und ganz besonders Krause Glucke und Morcheln

<u>So wird's gemacht:</u> Die Pilze in nicht zu dünne Scheiben schneiden (sonst bleibt nach dem Trocknen fast nichts davon übrig) und nebeneinander auslegen. Geschieht dies an einem schönen Tag draußen im Schatten, so müssen die Pilze am Abend hereingeholt werden, weil sie sonst wieder die Feuchtigkeit der Nachtluft aufnehmen und faulen. • Nach 2–3 Tagen sollen die Pilzstückchen raschel-trocken sein. Die getrockneten Pilze im Schraubglas aufbewahren. • Getrocknete Pilze werden als Wür-

Pilze trocknen gut auf einem feinmaschigen Drahtgestell, auf Vliesstoff oder festem Papier. Plastikfolie ist ungeeignet!

ze an Suppen, Saucen und Fleischgerichte gegeben. Sollen sie nur kurz mitkochen, so müssen sie zuvor in etwas Wasser etwa 30 Minuten eingeweicht werden. Das Einweichwasser gibt man mit an die Speise. Bei längerem Auskochen in einer Suppe oder Sauce ist vorheriges Einweichen nicht nötig. Stark ausgekochte Trockenpilzstücke vor dem Servieren aus dem Gericht entfernen, da sie zäh und schließlich geschmacklos sind.

Pilzpulver

Ganz trocken gedörrte Pilze können in einer alten Kaffee- oder einer Haushaltsmühle gemahlen werden. Das Pulver würzt Suppen, Saucen und Fleischspeisen, kann aber auch aromatischer Anteil im Paniermehl sein. Pilzpulver gut verschlossen aufbewahren.

Pilze mit Ingwer eingelegt

Zwei Handvoll junge Pilze (möglichst keine Röhrlinge, da diese recht schleimig werden, besser Grünling, Weißer und Geselliger Rasling, Blutreizker, Goldzahnschneckling, Frühlingsweichritterling, Breitblättriger Holzrübling, Violetter Ritterling, Lilastieliger Ritterling, Champignons) · Essig · 1 gestrichener Teel. Ingwerpulver oder 1–2 Stücke eingelegte Ingwerwurzel mit etwas Sirup · $^1/_4$ Teel. Salz · 3 gestrichene Eßl. Zucker · $^1/_4$ Teel. Nelkenpfeffer (Piment)

So wird's gemacht: Die Pilze möglichst unzerschnitten verwenden. 1 Tasse Essig erhitzen und die Pilze einmal darin aufkochen; im Sud auskühlen lassen. • Falls Ingwerwurzel verwendet wird, diese recht klein schneiden oder grobhacken. Die abgekühlten Pilze auf einem Sieb abtropfen lassen. • In einem Glasgefäß mit Deckel (Einmachglas) die Pilze mit dem Salz, dem Zucker, dem Ingwer und dem Nelkenpfeffer gut mischen und kühl stellen. • Am nächsten Tag ein Stückchen Pilz probieren, ob es noch fade oder schon recht säuerlich schmeckt: danach richtet sich die Flüssigkeit,

die nun aufgegossen wird. Also entweder reinen Essig oder Essig, mit Wasser verdünnt, aufgießen, bis die Pilze fast davon bedeckt sind. Das Ganze 3 Tage im Kühlschrank durchziehen lassen.

> **Mein Tip** Mit Ingwer eingelegte Pilze halten sich im Kühlschrank etwa 14 Tage. Sie schmecken als pikante Beigabe zu Fleischgerichten.

Pilz-Pickles

Bild Seite 56

Diese sauren Pilze oder »Essigpilze« können auf verschiedenste Art weiterverwendet werden: mit einer entsprechenden Marinade wird ein Salat daraus, ein paar Minuten in einem Fleischgericht mitgekocht, säuern sie angenehm die Sauce und das Ergebnis können schnell saure Nierchen, saure Kutteln oder säuerliches Herzgulasch sein.

1 Tasse Wasser · 2 Handvoll Pilze (am besten solche, die nicht schleimig werden, also keine Röhrlinge, besser: Grünling, Weißer und Geselliger Rasling, Goldzahnschneckling, Schweinsohr, Frühlingsweichritterling, Mairitterling, Champignons, Nelkenschwindling, Violetter Ritterling, Lilastieliger Ritterling) · 1 Zwiebel · 2 Tassen Essig · $^1/_2$ Teel. Salz · 1 gestrichener Eßl. Zucker · 5 Pfefferkörner · 5 Pimentkörner (Nelkenpfeffer) · 1 Lorbeerblatt · 1 Eßl. Senfkörner

So wird's gemacht: In dem Wasser die Pilze einmal aufkochen, dann abtropfen lassen. Die

Zwiebel schälen, halbieren und die Hälften in Scheiben schneiden. • Die Pilze in einen passenden Steintopf füllen. Den Essig mit dem Salz, dem Zucker, den Pfeffer- und den Pimentkörnern, dem Lorbeerblatt, den Senfkörnern und den Zwiebelringen einmal aufkochen und heiß über die Pilze gießen. • Am nächsten Tag probieren, ob der Sud stark sauer-salzig schmeckt, sonst eventuell mit etwas Essig nachsäuern.

Variante: Nehmen Sie für dieses Rezept einmal nur junge Blutreizker (Bild Seite 56).

Mein Tip Saure Pilze halten sich 6 Wochen im Kühlschrank, eventuell länger, wenn der Sud stark sauer-salzig ist. Zur Weiterverarbeitung wird die gewünschte Menge Essigpilze zwischen zwei Holzbrettchen ausgedrückt, falls die Säure für das betreffende Gericht zu stark ist.

Pilze eingeweckt

Bild Seite 55

Pilze weckt man ein, wenn sie später zu Mischgerichten, Suppen oder Salaten wie frisch verwendet werden sollen. Es eignen sich dazu keine älteren Röhrenpilze, da diese sehr schleimig werden. Champignons bilden oftmals nach einem Weckgang noch Fäulnisstoffe, so daß das Glas nach einigen Monaten verdirbt; hier also besonders genau die Anweisung befolgen. Für Pfifferlinge und Trompetenpfifferlinge ist das Einwecken die einzig gute Methode der Haltbarmachung, da diese

Pilze beim Einfrieren zäh werden, der Pfifferling darüber hinaus auch noch bitter. Auch viele andere Pilzarten können gut eingeweckt werden.

Allerjüngste Röhrlinge, Champignons, Pfifferlinge, Trompetenpfifferlinge, junge, gesunde Exemplare von Reifpilz, Krauser Glucke, Morchel, Schweinsohr, Kuhmaul, Kupferrotem Gelbfuß, Märzellerling, Mönchskopf, Hallimasch, Weißem Rasling, Geselligem Rasling, Nelkenschwindling, Blaßbraunem Rötling, Riesenscheidenstreifling, Semmelbraunem Schleimkopf, von Täublingen, Ritterlingen, Schnecklingen, als kleiner Anteil in einer Pilzmischung schaden auch nicht Semmelstoppelpilz, Schafporling und Maggipilz

So wird's gemacht: Kleine Pilze ganz lassen, etwas größere einmal durchschneiden. Mit etwas Wasser einmal aufkochen und auf einem Durchschlag abtropfen lassen. Dieser Sud kann anderweitig verwendet werden. • Die Pilze in vorbereitete Gläser füllen und mit frischem Wasser bis 1 cm unter dem Rand aufgießen. 2 Stunden bei 98° sterilisieren. 2 Tage später 1 Stunde bei 98° nachwecken. • Die Pilze werden erst bei späterer Verwendung je nach Rezept kleingeschnitten.

So wird im Schnellkochtopf eingeweckt: Eine sehr moderne Methode ist die Konservierung im Schnellkochtopf (Dampfdrucktopf). Bei Verwendung kleiner Twist-off-Gläser, wie sie von Senf, Mayonnaise oder gekaufter Marmelade anfallen, kommt vorteilhaft hinzu, daß Sie auch kleine Pilzmengen einwecken können. • Die Pilze in etwas Wasser einmal aufkochen, auf dem Durchschlag abtropfen lassen und in die sauberen kleinen Gläser füllen. Mit frischem Wasser fast gänzlich auffüllen.

Die Deckel fest zuschrauben. • In den Schnellkochtopf eine Unterlage (Drahtgitter oder Originaleinsatz des Topfes) setzen, die Gläser daraufstellen und so viel Wasser einfüllen, daß die Gläser 2–3 cm darin stehen. Den Topf mit dem Deckel verschließen und die Gläser 15 Minuten bei zwei Ringen sterilisieren. • Langsam abkühlen lassen (warten, bis das Ventil sich ganz gesenkt hat, also nicht mit kaltem Wasser abschrecken.) • 2 Tage später noch einmal 5 Minuten bei zwei Ringen nachwecken.

Silierte Pilze nach Großmutters Art

Durch das Silieren werden Pilze im allgemeinen leichter verdaulich, also magenfreundlicher. Aber es werden auch sonst ungenießbare Pilze, also Arten, die nicht giftig sind, aber durch störende Schärfe oder Bitterkeit im allgemeinen nicht gegessen werden können, zu wohlschmeckenden Speisepilzen. In Ostpreußen war diese Haltbarmachung sehr verbreitet. Auf den Märkten fehlten nie die großen Holzfässer mit gewässerten Pilzen. Man kaufte sie und setzte sie zu Hause zum Silieren an. Auch die silierten Pilze wurden gehandelt. Um das Siliergut aufzubewahren, braucht man einen kühlen Keller, dann halten sich die Pilze bis zum Frühjahr oder Frühsommer. Zum Silieren werden wir nicht die besten Edelpilze nehmen, da deren Aroma dabei verlorengeht. Es genügen Massenpilze oder solche mit weniger gutem Aroma:

Ockertäubling, Rotbrauner Milchling, Fuchsiger Trichterling, Gelbbrauner Trichterling, Veilchenritterling, Violeter Ritterling, Lilastieliger Ritterling, Weißer und Geselliger Rasling, Frühjahrsweichritterling, Breitblättriger Holzrübling, Rehbrauner Dachpilz, Rotbrauner Riesenträuschling · pro 1 kg Pilze 15 g Salz, 10 g Zucker und zum Schluß über alles 1 Tasse saure Milch

So wird's gemacht: Die Pilze grob zerschneiden und in wenig Wasser einmal aufkochen · Abtropfen lassen. • In ein Fäßchen oder einen Steintopf lagenweise Pilze, Salz und Zucker einschichten und die saure Milch darübergießen. Das Siliergut mit einem sauberen Leinentuch bedecken und ein genau in den Topf passendes Brett oder einen flachen Teller darauflegen. Mit einem Stein beschweren, damit die sich bildende Lake immer über den Pilzen steht. Wenn sich nicht genug Lake bildet, entsprechend Salzwasser nachfüllen. • Bei normaler Raumtemperatur setzt bald die Gärung ein; nach 8–10 Tagen ist sie abgeschlossen. Das Gefäß nun im kühlen Keller aufbewahren. Das Tuch von Zeit zu Zeit auswaschen. • Die säuerlich schmeckenden Pilze können, nachdem man sie kurz abgespült oder gewässert hat, als Pilzgemüse zubereitet werden, besonders wenn der säuerliche Geschmack für ein Gericht gewünscht wird. Man kann sie aber auch als Salat anmachen.

Mein Tip Sie können den Siliervorgang nach Abschluß der Gärung unterbrechen, die Pilze auf einem Durchschlag abtropfen lassen und portionsweise einfrieren. Vorteil: auch sonst minderwertige Arten und solche mit eigenartigem Aroma lassen sich so in wohlschmeckende Pilze verwandeln.

Köstlicher Pilzextrakt

Aus Massenpilzen oder Stielen von anderweitig verwendeten Arten können Sie einen Extrakt herstellen, der als Würze für die verschiedensten Fleischgerichte und Saucen stets willkommen ist.

Massenpilze, Pilzabschnitte, Stiele · wenig Wasser · Salz

So wird's gemacht: Die Pilze kleinschneiden. • In einem größeren Topf die Pilzstücke mit wenig kaltem Wasser (etwa 1/2 Tasse voll) ansetzen und 20 Minuten durchkochen. • Den sich reichlich bildenden Sud durch ein sehr feines Sieb in einen anderen Topf gießen und noch so stark einkochen, bis er etwas dickflüssig wird. Gut salzen, damit der Extrakt haltbar bleibt (der Geschmack muß beim Probieren als zu salzig empfunden werden). In ein Glasgefäß füllen und im Kühlschrank aufbewahren.

> **Mein Tip** Pilzextrakt hält sich viele Monate gut. Vorräte, die Sie noch länger aufbewahren wollen, sollten in kleinen Flaschen sterilisiert werden.

Feinste Pilzwürze flüssig

In letzter Minute vor Drucklegung dieses GU-Küchenratgebers machte ich die Entdeckung, daß Extrakt aus getrockneten Pilzen das Optimum an Würzkraft besitzt und wirklich als ganz schnelle Würze für Fleischgerichte, Saucen und Suppen eingesetzt werden kann. Das Aroma ist stark und delikat und übertrifft die käuflichen Würzmittel.

Zwei Handvoll getrocknete Pilze · 1/4 l Wasser · 2 gestrichene Eßl. Salz

So wird's gemacht: Die Pilze über Nacht in dem Wasser einweichen. • Am nächsten Tag die Pilze mit dem Einweichwasser 20 Minuten kochen. Durch ein Sieb in einen anderen Topf seihen und die Pilzrückstände gut auspressen. Diese sind nicht mehr weiter zu verwerten. • Den Sud mit dem Salz 10 Minuten kochen und in eine verschließbare Flasche füllen. Durch den Salzgehalt ist die Flüssigwürze im Kühlschrank fast unbegrenzt haltbar.

Rezept- und Sachregister

Die *kursiv* gesetzten Seitenzahlen verweisen auf die Farbbilder.

Für Kräuter- und Wildfrüchte-Sammler:

Die Bestimmungs-Kompasse von Gräfe und Unzer – die beliebten Naturführer im Einsteck-Format. Randvoll mit brillanten Farbfotos. Mit präzisen, leicht verständlichen Beschreibungstexten bekannter Experten. Ein knautschbarer, abwischbarer Plastikeinband schützt sie sicher und dauerhaft. GU Kompasse sind so schön handlich klein – deshalb ideal zum Mitnehmen auf Wanderungen und Streifzügen durch die Natur. Passen garantiert in jede Hemd- und Hosentasche.

Niklas-Pahlows Wildfrüchte-Kompaß
Baumfrüchte, Beeren, Pilze und andere Wildfrüchte sicher bestimmen. Mit Verwertungstips und Rezepten.

Pahlows Wildgemüse-Kompaß
Gemüse, Salate und Würzkräuter aus Wiese, Feld und Wald sicher bestimmen. Mit Sammelkalender und Rezepten.

Dähnckes Neuer Pilz-Kompaß
Die besten Speisepilze und alle gefährlichen Giftpilze sicher bestimmen. Mit Verwertungstips.

Dähnckes Beeren-Kompaß
Eßbeeren und Giftbeeren sicher bestimmen. Mit Sammel- und Küchentips.

Pahlows Heilpflanzen-Kompaß
Die wirkungsvollsten Heilpflanzen sicher bestimmen und gezielt anwenden. Mit Sammelkalender und Teerezepten. Neuausgabe.

Jeder Kompaß mit 80 Seiten, 70 bis 90 brillanten Farbfotos, vielen Zeichnungen.

Rezept- und Sachregister

3. Umschlagseite
Teilnehmer der »Schwarzwälder Pilzlehr-schau« beim Pilz-Picknick. Vorne links Butterröhrling, Seite 14, Mitte Maronen-röhrling, Seite 14, rechts Sandröhrling, Sei-te 13, hinten Mitte Kuhröhrling, Seite 14.

4. Umschlagseite
l. o. Parasolpilz, Seite 18; r. o. Kartoffelpuf-fer mit Pilzen, Rezept Seite 59; l. u. Gallert-pilzsalat, Rezept Seite 63, und Blasiger Be-cherling, Seite 22; r. u. Hallimasch, Seite 16.